臺灣歷史與文化 研究輯刊

六 編

第 15 冊

眷村文化的形成與外省人的認同研究
——以台南縣仁和村為例（1950～2007）

李 宜 潔 著

花木蘭文化出版社

國家圖書館出版品預行編目資料

眷村文化的形成與外省人的認同研究——以台南縣仁和村為
例（1950～2007）／李宜潔 著 -- 初版 -- 新北市：花木蘭文化
出版社，2014〔民103〕
序2+目4+128面；19×26公分
（臺灣歷史與文化研究輯刊 六編；第15冊）
ISBN 978-986-322-958-2（精裝）
1.眷村 2.文化認同
733.08   103015090

ISBN-978-986-322-958-2

9 789863 229582

臺灣歷史與文化研究輯刊
六 編 第十五冊   ISBN：978-986-322-958-2

眷村文化的形成與外省人的認同研究
——以台南縣仁和村爲例（1950～2007）

作　　者	李宜潔
總 編 輯	杜潔祥
副總編輯	楊嘉樂
編　　輯	許郁翎
出　　版	花木蘭文化出版社
社　　長	高小娟
聯絡地址	235 新北市中和區中安街七二號十三樓
	電話：02-2923-1455／傳眞：02-2923-1452
網　　址	http://www.huamulan.tw 信箱 hml810518@gmail.com
印　　刷	普羅文化出版廣告事業
初　　版	2014 年 9 月
定　　價	六編 21 冊（精裝）新台幣 42,000 元

眷村文化的形成與外省人的認同研究
——以台南縣仁和村爲例（1950～2007）

李宜潔　著

作者簡介

李宜潔，1981 年 3 月出生於台南市，2007 年獲國立成功大學歷史學系研究所碩士學位，畢業論文《眷村文化的形成與外省人的認同研究──以台南縣仁和村為例（1950～2007）》。現任台南市復興國中歷史教師。身為眷村第三代，眼見兒時居住的眷村改建在即，在指導老師張四德教授提點下，展開眷村訪談與田野式調查，將眷村歷史、居民生活等珍貴資料保存下來。本書就是此一研究成果，將仁和村的源流、發展與改建前後作詳實探討，希望能更豐富眷村歷史圖像的研究。

提　　要

　　近年來，台灣的眷村逐漸沒落而進行改建，筆者意識到眷村文化即將消失的隱憂。為了探究眷村文化的演變，筆者想探討眷村形成至改建的歷史，藉以了解眷村文化的傳承與衰退。

　　現今相關的眷村研究，可歸為四大領域：居住空間的研究、眷村社區文化的建構、族群身分的認同、眷村文學。還有綜合領域者，如以單一眷村為主的論文，探究眷村環境、族群文化特色。近年，各縣市政府為保存眷村文化也進行田野調查及口述史紀錄。本研究從眷村緣起、形成背景至改建國宅，做一綜合性領域的研究，並以台南縣仁和村為例，探討眷村歷史文化演變與族群認同。

　　在記錄眷村歷史同時，筆者要探討外省人的認同問題。相較於台灣本省人，這群中國的移民被稱為「外省人」，他們各自有不同的背景文化。眷村裡匯集來自大陸的各省軍民，他們如何傳承自身文化？有哪些認同隨時間而改變？又是如何轉變？與台灣文化是相互衝擊？或融合？都是本論文想釐清的文化認同問題。

　　筆者以二空仁和村為個案研究，先從當地建設等外在輪廓著手，繼而深入討論以人為中心之生活、文化等內在特色，以完整呈現本文個案──仁和眷村的文化變遷。民國三十九年，仁和眷村由軍人自建，後來眷村逐年擴建、改善屋況、陸續設置仁和國小、涼亭、活動中心等公共設施，顯示五、六十年代眷村早期的繁榮景象。七十年代後，因人口外流且有老化趨勢、居民活動偏向老人休閒、照護等社會內部環境變遷，導致眷村近年來沒落沉寂的現象。因眷村的硬體及人口老化，居民們開始爭取改建，終於促使台南縣政府決定在九十二年通過二空改建案。

　　仁和眷村的軍民，他們在台灣如何傳承自身文化？這可從節慶活動、宗教、政黨認同到眷村飲食等特殊文化來看它的演變與特色。最明顯的是眷村祭祖習俗。軍民們來台住進眷村後，因沒有祖墳、牌位可供祭拜，只得用一張紅紙，上寫「○家歷代祖先」，燒香遙祭大陸親人。他們後來也入境隨俗，跟著本省人在七月半拜拜。這些都是因為特定時代、環境所造成的文化變遷。從眷村飲食文化也可看出些許轉變。仁和村除外省涼麵、小吃外，近年也有本省媳婦賣肉羹麵、雞蛋糕，飲食口味也逐漸融合當地特色。本論文藉由探討仁和眷村文化的變與不變，來呈現出眷村的外省族群從國共內戰遷移到台灣後，他們如何融造特殊的眷村文化。

誌　謝

　　當我在研究所一年級，決定要寫這篇探討外省人認同與眷村歷史的論文時，坦白說內心是戰戰兢兢、五味雜陳的。因為要完成這篇涵括族群認同、眷村歷史、文化、宗教多面向的論文，單憑我身為眷村第三代責無旁貸的熱忱與自我期許，是絕對不夠的。幸而我很幸運，在撰寫過程中受到很多老師、學長與眷村長輩、家人們的幫忙，才能順利完成這篇論文。

　　首先要感謝的是，三年來不斷諄諄教誨、指導我論文寫作的張四德老師，您不厭其煩的幫我修改論文，真是辛苦了。還有給予我論文方向、內容諮詢與建議的張瑞德老師、王文霞老師、陳梅卿老師，和郭冠麟、李侃諭學長。

　　在二空新村方面，也很感激接受我訪談研究的張村長、藺神父、徐傳道與仁和村的爺爺、婆婆、伯伯、眷村媽媽們；還有提供寶貴二空歷史資料和老照片的自治會張會長、蔣婆婆、索婆婆、徐婆婆。沒有這些長輩們的鼎力協助，我是無法寫出這麼詳細的二空仁和村歷史及文化研究的。此外，我也很慶幸在蒐集資料的同時，能和自治會、社區文化營造協會與眷村文物館、張村長等致力於保存二空眷村文化的相關人士互相交流，共同為眷村研究及文化推廣盡一份心力。

　　最後我要誠摯的對家人們說聲謝謝，感謝父母與阿姨們為我四處奔走聯絡眷村的長輩與鄰居、朋友們，還陪伴我進行口述訪談工作，給予我強力的精神及行動支持。這些師恩、親情與友誼，我都將銘記在心，同時也祝福二空新村 2013 改建完成之後，帶給眷村居民們更美好的未來。

當他鄉成為故鄉：代序

張四德

　　因緣際會之下，宜潔在成功大學歷史研究所就讀時，由我指導，一起完成了她的碩士論文：眷村文化的形成與外省人的認同研究——以台南縣仁和村為例（1950～2007）。我們秉持歷史研究的態度，整理了仁和村的形成、發展和拆遷、重建的過程，在維護眷村文化的工作上，略盡綿薄。

　　對於眷村成長的二代，眷村就是故鄉。

　　童稚的心靈不解父母輩戚戚無奈的鄉愁。眷村裏，江南江北不同的鄉音，訴說著遙不可及的「故鄉事」；南北合的餐食，摻和著戰亂和鄉愁。多元的文化共同編織成五味雜陳的眷村文化。

　　然而，眷村克難的歲月裡，年長鄉親的青春華髮早已花白。有倖者懷著忐忑的心，飛越群山大海，踏上朝暮思想的「故鄉」，慰藉戰亂的離愁。只是物非、人也非。「故鄉」已經潛入記憶深處。

　　載負著特調的眷村文化，眷村二代探索竹籬外的世界；眷村是成長的故鄉。

　　經不起歲月的侵蝕，眷村也終於斑剝。

　　推土機下，眷村粉身碎骨。失去了載體，眷村文化永遠存留在記憶深處。

　　帶著永遠的鄉愁，眷村二代是戰亂的遺跡。

　　幾經顛沛流離的德國文學家湯瑪斯·曼（1875～1955）自信的說：「我在哪裡，哪裡就是德國！」？

　　台灣眷村的孩子呢？

二零一三年十月

目

次

第一章 緒 論

第一節 研究動機：身爲眷村第三代的尋根行動

　　「二空新村」位於台南縣仁德鄉，包含仁愛村與仁和村。（九十九年升格後，爲台南市仁德區）最早一批眷戶於民國三十九年遷入，後經不斷擴建，民國五十三年建設完成，共 945 戶。民國九十二年決定改建，經多年準備，於九十六年三月決定發包商（台南猛輝營造）、八月進行搬遷及改建工程。

　　二空現今住戶多爲台南機場空軍聯隊（原二供應處）的退伍榮民及榮眷。而筆者本身乃眷村第三代，曾住過台南縣仁德鄉二空新村的仁和村，感受過眷村的多元文化。自八十五年立法院通過眷村改建條例後，重建的腳步越來越近，經過十年後，二空終於也要展開動工拆建。筆者因而開始思考記錄眷村歷史；因爲若再不追尋前人腳步，這一段動盪的歷史與遷移文化，恐怕將消失蹤影了。

　　在記錄眷村歷史同時，筆者欲連帶探討外省人的認同問題。相較於台灣本省人，這群在 1949 年來自對岸大陸的移民被稱爲「外省人」，他們有著自身的背景文化。眷村裡匯集來自中國大陸的各省軍民，共同在台灣生活了近60 個年頭，也在台灣生下了子子孫孫，他們是如何傳承自身文化？有哪些認同隨著時間改變？與台灣本土文化是相互衝擊？抑或融合？這些都是本文想釐清的文化認同主題。〔註1〕所以筆者首先於九十五年進行眷村長輩的口述訪談，再以拍照、攝影方式記錄本村的特別活動與文化，如改建說明會、元旦

〔註 1〕 論文指導老師張四德教授提出，2005 年。

升旗等。筆者再進一步從《仁德鄉志》、訪談資料結合專書，針對二空新村源流、興建時空背景加以探討。筆者希望藉由描繪眷村外在建設歷史與內在生活文化演變，勾勒出仁和村的整體族群文化圖像；最後提出目前隱憂與改建願景，對眷村歷史的保存盡一份心力。

第二節　相關研究文獻回顧

　　過去三十多年，眷村研究大都是以眷村為主題的碩士論文。近年來，縣市政府為保存眷村文化而進行田野調查及口述歷史紀錄。論文研究者科系多元，如人類學、政治學、社會學、建築與城鄉、歷史學等系所皆有研究成果。由於各系研究重點不同，依唐於華（2004）〈台南市水交社眷村居民的文化與族群身份變遷〉，提出眷村研究的三種觀點：空間意義的探尋、眷村的社區研究、省籍族群的認同。﹝註2﹞筆者以此為基礎，歸類出居住空間的研究、眷村社區文化研究、族群身分認同研究、眷村文學四大領域。不過也有其他綜合領域的研究者，以單一眷村為主的論文，探究眷村環境、族群文化特色。

一、居住空間的研究

　　有關居住空間的研究，以建築所、建築及城鄉、都市計畫研究所等科系的學生論文為主。如羅於陵（1991）〈眷村：空間意義的賦與和再界定〉，對眷村形成之歷史脈絡分析清楚，也具強烈的批判性。作者認定眷村是統治者的權力集團，將眷村的形成與變遷，視為在特定社會歷史情境下，根據統治者利益有意圖的推動並界定的空間意義。羅於陵最後消極認為，七十年代眷村改建，是種毀滅式的改造；眷村的空間意義將消失，取而代之的是現代化集合國宅社區。﹝註3﹞

　　有些論文以環境與建築的觀點出發，探討眷村空間的意涵。如杜金國（1994）〈眷村居民的社會文化生活空間經驗與計畫之研究——以新竹市公學新村為個案〉、﹝註4﹞顏麗蓉（1987）〈軍眷村外部空間之研究：以中壢地區四

﹝註2﹞　唐於華，〈台南市水交社眷村居民的文化與族群身份變遷〉，台南大學台灣文化研究所碩士論文，2004年，頁3～7。

﹝註3﹞　羅於陵，〈眷村：空間意義的賦與和再界定〉，台灣大學建築與城鄉研究所碩士論文，1991年。

﹝註4﹞　杜金國，〈眷村居民的社會文化生活空間經驗與計畫之研究——以新竹市公學

個眷村之現象探討影響活動之外部空間條件〉。〔註5〕這類論文以眷村的基地為研究範圍，大多注重外部空間層面的探討，而忽略了眷村內部居民社會生活、認同的變遷。

　　近年流行眷村改建，故有針對改建前後環境變遷的研究，如林佳弘（1995）〈從提昇都市環境品質的觀點探討軍眷村之更新——以台南市為例〉、〔註6〕邵世楨（2001）〈國軍老舊眷村改建後居住空間使用調查之研究——以台北縣大鵬華城為例〉。這些論文主要在探討改建後，居民對新環境的使用與滿意度，仍著重空間元素的呈現。

二、眷村社區文化研究

　　有些論文企圖建構眷村的社區文化，找出眷村文化的特色。如張瑞珊（1980）〈台灣軍眷村的社會研究——以合群復興兩村為例〉，試圖探究軍眷居民的某些價值、行為是否與非軍人、非軍眷不同？軍眷村是否有某種孤立性？又有何明顯特質？作者以問卷方式統計出合群、復興兩眷村的社會態度特質，從而比較在教育、職業期望、政治參與等變項上，及各變項在男與女、上下兩代間的異同。〔註7〕

　　而呂秀玲（1998）〈眷村的社會流動與社會資源——一個榮民社區之田野研究〉，以台中縣的一個榮民社區為研究對象，目的是探討在眷村場域中外省籍退伍軍人的社會流動過程。作者採取質化研究的田野調查方法，抽繹出榮民社區的社會網絡，所代表的外省籍族群特質，和形塑老榮民社會階層的條件，以及建立在此結構因素上的外省籍退伍軍人的社會流動過程。〔註8〕

三、族群身分認同研究

　　在族群認同的研究上，有些人著重探討眷村居民是認同中國還是台灣？如孫立梅（2001）〈外省人的「家」：多義的記憶與移動的認同〉，主要以家、

　　　新村為個案〉，台灣技術學院碩士論文，1994年。
〔註5〕顏麗蓉，〈軍眷村外部空間之研究：以中壢地區四個眷村之現象探討影響活動之外部空間條件〉，中原大學建築工程研究所碩士論文，1987年。
〔註6〕林佳弘，〈從提昇都市環境品質的觀點探討軍眷村之更新——以台南市為例〉，台南市：國立成功大學建築研究所碩士論文，1995年。
〔註7〕張瑞珊，〈台灣軍眷村的社會研究——以合群復興兩村為例〉，台灣大學社會研究所碩士論文，1980年。
〔註8〕呂秀玲，〈眷村的社會流動與社會資源——一個榮民社區之田野研究〉，東海大學社會學研究所碩士論文，1998年。

過去記憶的角度來討論外省人的認同問題。〔註9〕研究對象以外省第一代為主，外省人的過去記憶，包括了中國的經驗與台灣的經驗，也牽涉到兩個家的記憶，而和台灣人互動的過去記憶也是多元相異的。外省人的認同，包括了中國與台灣兩個層次，而台灣人的認同也是在形塑中的變動。孫立梅提出，在外省人的中國認同討論中，其實忽略了他們對台灣認同的可能，而外省人的中國認同其實也包括了台灣認同。過去的記憶與兩個家的關係，則影響了不同的認同定位可能。

另有討論族群文化變遷與認同變化之間的關係，如唐於華（2004）〈台南市水交社眷村居民的文化與族群身份變遷〉。〔註10〕作者主要探討來自不同省份、地區的眷村居民，是如何產生族群意識？又眷村居民在時間環境的演化下，有哪些文化上變遷？造成文化變遷的原因是什麼？眷村族群身份有無改變？文化變遷會不會造成族群身份的重新選擇或認同？他的結論是：水交社眷村居民在文化變遷中出現語言、習俗、信仰文化特徵的改變。文化變遷不是促使族群身份變遷的唯一原因，但促使文化變遷與族群身份變遷的原動力是相同的。因此，文化變遷可視為族群身份變遷的原因之一，而族群身份變遷也可透過文化變遷為手段來進行。

探討眷村婦女的認同研究，如郭苑平（2002）〈眷村台灣媽媽的自我與認同研究〉、〔註11〕陳谷萍（2005）〈重探眷村生活：文化接觸下的女性情誼〉。陳谷萍透過眷村婦女的生活世界，重探眷村居民間的互動關係。〔註12〕作者也從日常生活和女性眼光出發的經驗詮釋，運用女性關係的集結，探析有別於從軍民觀點所關注的眷村議題，讓眷村的女性生命被看見。

還有以外省人第二代為對象的認同研究，如孫鴻業（2002）〈污名、自我、與歷史：台灣外省人第二代的身份與認同〉、〔註13〕安天祥（2003）〈竹籬笆

〔註9〕 孫立梅，〈外省人的「家」：多義的記憶與移動的認同〉，清華大學人類學研究所碩士論文，2001年。

〔註10〕 唐於華，〈台南市水交社眷村居民的文化與族群身份變遷〉，台南大學台灣文化研究所碩士論文，2004年。

〔註11〕 郭苑平，〈眷村台灣媽媽的自我與認同研究〉，清華大學人類學研究所碩士論文，2002年。

〔註12〕 陳谷萍，〈重探眷村生活：文化接觸下的女性情誼〉，雲林科技大學文化資產維護系碩士論文，2005年。

〔註13〕 孫鴻業，〈污名、自我、與歷史：台灣外省人第二代的身份與認同〉，清華大學社會學研究所碩士論文，2002年。

裡也有春天──兩名眷村子弟發展成就之個案研究〉。〔註14〕

四、眷村文學

有關眷村文學的作品，主要以外省第二代的作家及作品為對象，如蔡淑華（1998）〈眷村小說研究──以外省第二代作家為對象〉、〔註15〕謝倩如（2002）〈朱天心小說研究〉、〔註16〕賈素娟（2005）〈張啓疆眷村小說──《消失的□□》研究〉。〔註17〕還有探討女性眷村文學的作品：周莉菁（2006）〈女性眷村文學記憶圖像之形塑〉，〔註18〕作者以蘇偉貞、袁瓊瓊、朱天心與朱天文四位女作家的作品，依主題分析1970、1980、1980年代末至1990年代初（解嚴前後）、1990年代的文學書寫下的眷村。

除了眷村第二代書寫成長故事，也有專寫無眷無村的老兵故事──齊邦媛、王德威（2004）《最後的黃埔：老兵與離散的故事》，收錄十二篇寫老兵的生命故事與二篇描寫海峽兩岸家庭離散與重逢的故事。書中介紹的老兵故事，不僅豐富了書寫外省移民的成果，也讓我們反思一個時代數十萬軍人的命運，與這座台灣島的命運互相牽絆消長的故事。

五、其它多元研究

（一）多元觀點的論文

回顧以眷村為研究對象的論文，不只包含空間、文化、族群認同單面向的研究。如李俊賢（2004）〈空城記・憶：從眷村影像符碼看一個世代的結束〉，以影像提出眷村空間、歷史文化的不同論述。〔註19〕作者藉拍攝五守新村等眷村，為眷村留下一些影像記錄和記憶；並試圖以「記憶」為主軸，與

〔註14〕安天祥，〈竹籬笆裡也有春天──兩名眷村子弟發展成就之個案研究〉，臺北市立師範學院國民教育研究所碩士論文，2003年。

〔註15〕蔡淑華，〈眷村小說研究──以外省第二代作家為對象〉，政治大學中國文學系碩士論文，1998年。

〔註16〕謝倩如，〈朱天心小說研究〉，高雄師範大學國文教學碩士班碩士論文，2002年。

〔註17〕賈素娟，〈張啓疆眷村小說──〈消失的□□〉研究〉，高雄師範大學國文教學碩士班碩士論文，2005年。

〔註18〕周莉菁，〈女性眷村文學記憶圖像之形塑〉，南華大學環境與藝術研究所碩士論文，2006年。

〔註19〕李俊賢，〈空城記・憶：從眷村影像符碼看一個世代的結束〉，世新大學圖文傳播暨數位出版學研究所碩士論文，2004年。

「影像」的相對客觀記錄性、主觀創造性、變幻莫測的虛實空間等多重特質對話，為歷史文化的保存提供多元觀點。作者從背後蘊含豐富文史意義的影像看眷村，是較新穎的觀點與手法。

還有以個案為主題的研究者，其綜合自然環境與歷史文化的觀點，如蕭瓊瑤（2005）〈台南市水交社眷村的環境與社會變遷〉，主要研究水交社眷村的形成、人口組成與社會流動、景觀變化與眷村改建等。〔註 20〕作者從環境改變與歷史文化的探究，為水交社眷村留下紀錄。在舊有的眷村生活空間逐漸消失之際，第一代的村民仍保有記憶，希望能抓住眷村的歷史脈絡，以共同的社會記憶凝聚社會意識，達成社區營造的理想。

（二）地方政府的眷村文化保存成果

除了上述眷村研究的論文外，新竹、桃園等縣市政府文化局也意識到眷村正逐漸消失，而致力推行一系列保存眷村文化的活動。各縣市中研究成果最豐富的，首推新竹市。早於民國八十六年新竹舉辦全國文藝季「竹籬笆內的春天：眷村的故事」活動；同年由新竹市立文化中心出版研究成果，如洪惠冠編《新竹眷村文物專輯》、《竹籬笆內的春天：新竹市眷村的故事》；潘國正編《有情、有義、眷村情：眷村徵文作品集》；張德南《新竹市眷村走過從前：眷村的影像歲月》；林樹等人《新竹市眷村田野調查報告書》等。這些專書廣泛探討新竹市眷村歷史、口述史、影像與田野調查紀錄。九十一年十二月二十八日新竹市成立「新竹眷村博物館」，九十三年新竹市文化局出版林松《眷念：新竹市眷村博物館文物專輯》。

台北市於八十七年十一月舉行北市眷村文化保存與發展座談會，討論台北眷村生活的點滴與特色。〔註 21〕九十年四四南村改建，台北市政府也保留部份眷村房屋，成立「信義公會館」記錄眷村歷史。台北縣文化局則在九十年出版何思瞇《臺北縣眷村調查研究》，目前北縣空軍三重一村也尋求成立「三重市眷村文化園區」。

除此之外，各縣市也舉辦眷村文化節。民國九十五年十月二十一日～十二月三日，桃園縣政府文化局舉辦第六屆「桃園眷村文化節」，展開包括「眷

〔註 20〕蕭瓊瑤，〈台南市水交社眷村的環境與社會變遷〉，臺南大學社會科教育學系碩士班碩士論文，2005 年。

〔註 21〕台北文獻委員會，〈臺北市眷村文化保存與發展座談會記錄〉，《臺北文獻》，直字 128 期，1999 年 7 月，頁 1～32。

村故事館」、「眷村嘉年華」、「全國眷村研討會」、「眷村紀錄片」等活動。特別是在眷村研討會播放，由桃園縣政府文化局監製的「想我們的眷村媽媽」DVD。經由眷村媽媽的口述回憶，紀錄桃園眷村的歷史。台南市也在九十六年二月三、四日，於水交社眷村中興街，舉辦第五屆「水交社眷村文化美食節」；在二月九日～十一日於南市大林國宅展開「眷村春節美食嘉年華會」，舉辦老歌歌唱比賽、臘肉香腸等眷村美食販售。

　　多年來眷村的研究，可謂包含了空間、文化、族群等各面向的領域探討。筆者乃嘗試做一綜合性領域的研究，從眷村緣起、建築特色、形成背景至改建的大環境論述，再以個案仁和眷村為例，探討歷史文化的傳承改變與族群認同，希望在保存仁和村文化的同時，也能了解眷村整體歷史。

第三節　研究方法與論文架構

　　本篇論文主要描述眷村的興建、文化變遷及族群認同。筆者從大陸軍眷遷臺的時代背景談起，再論全台眷村興建過程與改建現況；最後以仁和村為案例探討眷村的歷史與文化特色。所以，本論文研究方法包含歷史資料的蒐集、整理，與利用錄音、照相、筆記等方式所作訪談記錄。筆者主要蒐集的史料包括：眷村歷史相關之檔案文件、與二空自治會內保存之興建過程、投票統計等記錄，並運用《仁德鄉志》收錄之二空歷史，還有眷村各種重大活動紀念照與日常生活的照片。

　　筆者採一邊蒐集歷史資料，一邊對眷戶進行口述訪談，訪談對象主要是眷村第一、二代。第一代指參與過內戰，從大陸隨政府遷台，於三十九年後入住仁和村的軍人與眷屬，現今已約七、八十歲。第二代則是第一代軍眷的子女，從小在眷村長大，如今正值壯年。接受訪談者，除自身住在仁和村的家族親屬外，還有重要的地方人物，如自治會長、村長、基督教會徐傳道、教堂神父，總計十多位眷村居民。訪談內容包含從大陸的生活經驗、戰爭回憶到來臺住眷村的經過、感受與回鄉探親的體驗、對眷村改建的想法等。後來筆者繼續訪談第二、三代居民，從不同時期的生活經歷，來深入了解眷村意識、文化的變遷，從而配合眷村大環境之改變，以進行整體歷史之研究。

　　除了住戶訪談外，筆者還對當地行政機關或組織進行訪問了解，如二空

自治會、社區發展協會等。筆者首先探討行政組織──自治會、發展協會，對二空公共事務的運作過程、影響，再了解當地教育組織的發展經過；最後介紹醫療所。從上述機關組織的功能，發覺眷村社區的潛在問題與優、弱勢所在，及其對居民的影響。全篇欲從當地組織、建設等外在輪廓描述，繼而深入至以人爲中心之生活、文化等內在聯繫與特色討論，盼完整呈現本文個案──仁和眷村的文化變遷情形。

另筆者參考的論文方面，由於目前多專論眷村環境、族群文化或眷改政策的單篇論文，綜合領域研究者如蕭瓊瑤（2005）〈台南市水交社眷村的環境與社會變遷〉，也僅就眷村形成與水交社的歷史環境變遷，作一系列探討。筆者鑑於眷村改建工程即將於民國九十八年結束，眷村整體研究的時機刻不容緩。所以嘗試從相關文獻出發，進行眷村緣起、建築特色、形成背景至改建國宅的大環境論述，欲完成結合眷村空間、歷史與眷改現況的整體研究。筆者要探討個案──台南縣仁和村的眷村文化、族群認同與改建未來，用實例來呈現眷村文化的變遷。本篇研究目的除保存仁和眷村文化外，也深入了解眷村從緣起至重生的整體歷史，以求綜合探討歷史文化、環境空間，最終要探討眷村文化的變與不變。

本論文研究架構，首先以中國史專書及遷台軍民的口述史來探究眷村的起源背景，用《國軍後勤史》、《婦聯五十五年》等相關文獻討論眷村的形成，並以《國軍眷村發展史》爲主，分析眷村的數量及興建狀況。接著筆者藉由新竹市眷村博物館對眷改現況的記載，與眷改相關研究，來論述眷村改建政策及發展現況。本論文另舉仁和村爲個案，以《仁德鄉志》與筆者蒐集的仁和村口述史、一手史料等，探討眷村文化的形成、變遷與外省族群的認同。

本篇研究目的，在於完整呈現眷村的起源、形成、興建特色至改建現況、析論眷村環境、興建年代、數量與歷史演變，並探討個案──仁和村的興起至改建歷史，最終研究重點在傳達眷村文化與認同的變遷，以清楚記錄眷村的整體演變。本研究也希望提供日後對眷村整體歷史發展與變遷有一初步了解。

眷村改建工程完結後，個人將再對新的眷村環境、文化持續追蹤，對照改建前後的變化。如此便能整合眷村緣起、形成與改建的歷史文化變遷，以更清楚描繪外省族群的圖像。

圖一　研究架構

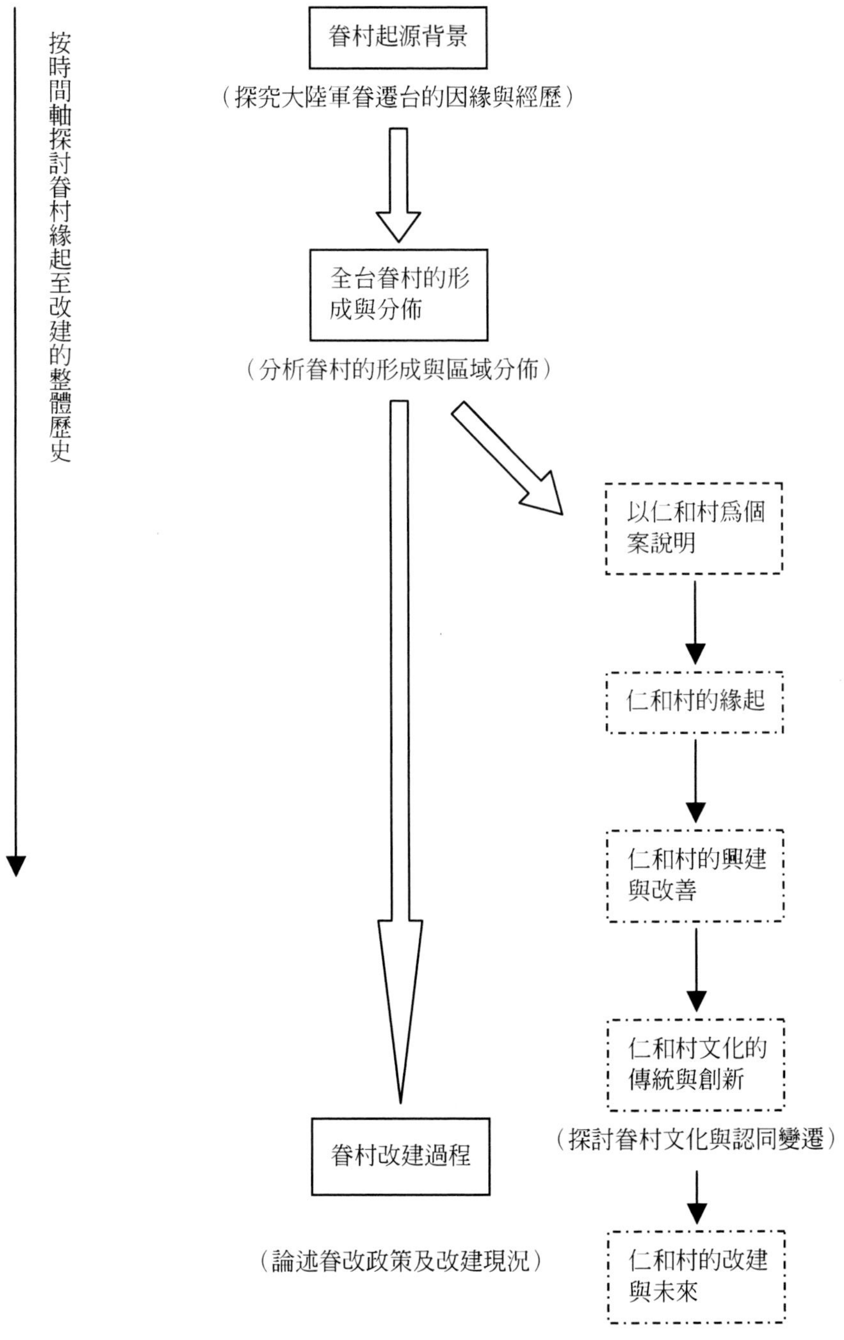

按時間軸探討眷村緣起至改建的整體歷史

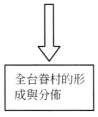

眷村起源背景

（探究大陸軍眷遷台的因緣與經歷）

全台眷村的形成與分佈

（分析眷村的形成與區域分佈）

以仁和村為個案說明

仁和村的緣起

仁和村的興建與改善

仁和村文化的傳統與創新

（探討眷村文化與認同變遷）

眷村改建過程

（論述眷改政策及改建現況）

仁和村的改建與未來

第二章　全台眷村的緣起及發展

　　民國三十八年以前，台灣沒有「眷村」這個名詞。眷村是特殊時代下的產物，是為安置國共戰爭時撤退台灣的大陸政府官員、軍隊與眷屬、民眾而設。他們遷居台灣，產生居住種種問題，政府才決定建眷村。所以本章討論眷村起落，先從這批政治性移民如何遷移、輾轉來台之處著手，最後討論眷村的興建與改建。不過軍民撤退因過程繁雜，當時戰況緊急無暇紀錄，導致資料零散、記載也少，在中國史、軍事史書中較少提及。故筆者必須大量選擇口述史專書或訪談切入研究。

第一節　台灣眷村的緣起（民國三十八年）

　　眷村源起於國共內戰的時代。但是國民政府為何決定在台灣各地興建眷村？眷村種類眾多，有為政府官員、軍人、眷屬們建的不同眷村。本文主要討論者，乃眷村中數量最多的「軍眷村」。對眷村而言，這批居民的遷移經歷、軍眷生活文化，都與眷村源起的特殊時代背景息息相關。所以本節從國共內戰、政府的撤退，至眷屬隨軍隊遷移的經過著手，並以仁和村口述史資料，來說明眷村的緣起。

一、眷村誕生於戰亂年代

（一）烽火四起的內戰

眷村源起於國共內戰（民國三十四年～三十八年）。由於國民政府戰敗，

總計當時在台灣有近 120 餘萬人的外省軍民。〔註1〕爲了因應遷台軍隊的居住問題，而修造了眷村。

要了解內戰，得先回溯國民黨和共產黨早年的糾葛淵源。民國十二年一月二十六日，孫中山先生與蘇俄代表越飛，在上海發表共同宣言，中、俄兩國和平共存，孫中山藉著聯俄容共，以打擊軍閥、統一中國。但民國十五年發生了「中山艦事變」，蔣介石第一次制裁中共，逮捕涉案中共黨員。北伐期間因爲清黨與武漢分共事件，國共兩黨開始全面決裂。北伐完成後，國民黨在十九年決議剿共。二十年九一八事變發生，政府主張「先安內，後攘外」。二十三年十月中共被迫展開「二萬五千里長征」，由江西瑞金逃竄至廣西、雲南、四川、西康各省邊境。〔註2〕日軍侵華，二十五年底張學良發動「西安事變」，剿共停止，國共聯合抗日。時至對日抗戰結束後，三十四年因東北接收問題，內戰再度展開。

抗日戰爭進行時，中共訂定「七分發展、二分應付、一分抗日」的策略，在全國各地發展勢力，國共衝突不斷。抗戰結束後，從民國三十四年八月到三十五年十二月，美國居中調解。先是三十四年由美國大使赫爾利（Patrick J. Hurley），斡旋雙方進行重慶會談。〔註3〕年底又派馬歇爾（George C. Marshall）爲特使來華調處，經政治協商會議與整軍方案後，中共仍不放棄攻勢。〔註4〕三十五年底發生「沈崇案」引發反美風潮，隔年初馬歇爾黯然返美，調解無成。〔註5〕抗戰勝利後，邊遠地區如四川、新疆、西康等屢生民變，加上反內戰、反飢餓的學潮運動，使社會民心一直處於不安定的狀態。〔註6〕

〔註1〕 據 1956 年户口普查，當年外省籍人口有 928,279 人。加上李棟明估計無户籍的 27 萬餘外省籍軍人，則共約有 120 萬的外省籍人口。李棟明，〈居台外省籍人口之組成與分佈〉，《台北文獻》，第 11、12 期合刊，1971 年，頁 62～86。另唐於華指出有學者以 120 餘萬人，作爲 1940、50 年代之遷台外省人口爲誤植，此數目乃包含當時已居台的外省人口。唐於華，〈台南市水交社眷村居民的文化與族群身份變遷〉，台南大學台灣文化研究所碩士論文，2004 年，頁 16。
〔註2〕 參閱王禹廷，〈國共分合 勝敗殊途〉（一），《傳記文學》，第 52 卷第 6 期，313 號，1988 年 6 月，頁 13。
〔註3〕 參閱張玉法，《中國現代史》（下），（台北：東華書局，1997 年），九版，頁 687～690。
〔註4〕 參閱張玉法，《中國現代史》（下），（台北：東華書局，1997 年），九版，頁 693～695。
〔註5〕 參閱張玉法，《中國現代史》（下），（台北：東華書局，1997 年），九版，頁 700。
〔註6〕 參閱郭廷以，《近代中國史綱》（下），（台北：曉園出版，1994 年），頁 890～

　　依國軍出版《戡亂簡史》對國共內戰的評論，民國三十五年國軍尚能獲致勝利。重要戰區如下：華中方面，打通膠濟鐵路沿線，控制豫北、晉南，主力軍在黃河占有往北進攻的有利局勢；華北方面，收復張垣、中斷共軍關內外之聯絡，掌握戰略要點與主要路線；東北方面，收復熱河、遼寧、遼北、吉林、安東、通化，直抵松花江南岸。不過遭受國共政治協商及國際調處三次停戰影響，國軍已喪失殲滅共軍主力之有利機會。〔註7〕

　　中共則利用八年抗戰後國家經濟問題，扭轉內戰劣勢。共軍在黃河、淮河流域，大肆破壞交通，使經濟嚴重惡化。因交通中斷，生產停頓，各地物資交流被隔絕，影響物價不斷高漲，逼使政府通貨惡性膨脹。共軍採行以經濟波動政治，政治拖垮軍事之謀略；運用特工破壞金融市場、經濟組織、哄抬物價，造成社會人心之浮動，對國民政府的軍事行動影響不小。〔註8〕綜述國共內戰初期形勢，國軍在內戰起初半年內軍事仍佔優勢，但因經濟及美國協調等問題，而只能打通控制重要鐵路沿線，廣佔城市地區，雙方談談打打，時戰時和，國民政府未能及早殲滅共軍的主力，以致埋下後患。〔註9〕

　　民國三十六年六月底，因國軍收復承德、攻克延安、國民大會召開、中央政府改組等事件進展，使國民政府放棄談判，七月四日政府下令「動員戡亂」，開始全面軍事作戰。〔註10〕從三十六年起戰況轉變，國共內戰由東北擴至華北，重要戰爭如五月十六日之山東「孟良崮戰役」，國民軍慘敗，共軍殲滅了國軍主力部隊之第七十四師，死傷俘虜約三萬兩千多人。〔註11〕此役嚴重打擊國民黨的軍心。從三十七年十一月徐蚌會戰開始，軍事逆轉。蔣介石在三十八年一月二十一日宣布下野，總統位由副總統李宗仁代理，國共又簽「國共和平協定」，雙方隔長江對峙。〔註12〕從三十七年九月至三十八年一

891。

〔註7〕　參閱王禹廷，〈國共分合　勝敗殊途〉（三十七），《傳記文學》，第61卷第1期，362號，1992年7月，頁123。

〔註8〕　參閱王禹廷，〈國共分合　勝敗殊途〉（三十七），《傳記文學》，第61卷第1期，362號，1992年7月，頁123。

〔註9〕　參閱王禹廷，〈國共分合　勝敗殊途〉（三十七），《傳記文學》，第61卷第1期，1992年7月，頁125。

〔註10〕參閱王禹廷，〈國共分合　勝敗殊途〉（三十一），《傳記文學》，第59卷第4期，353號，1991年10月，頁125。

〔註11〕金沖及，《轉折年代：中國的1947年》（北京：生活・讀書・新知三聯書店，2002年），頁157。

〔註12〕參閱中國時報編輯部，《台灣：戰後50年　土地・人民・歲月》（台北：時報

月，在關鍵的遼瀋、徐蚌（淮海）、平津三大戰役，國軍損失共約 150 萬人，佔當時國民黨總兵力 42%。〔註 13〕此三役戰敗後，國軍已無力部署長江防禦及反擊共軍渡江。

以徐蚌會戰為例，從杜聿明將軍〔註 14〕回憶可了解國共內戰的艱苦情形。（附錄五、圖 1、2，頁 115）在徐蚌會戰國軍被包圍的四十天內，糧彈補給不足，飛機投送物資有限，國軍一開始以搶劫民間糧食、宰牛馬、殺雞犬充飢。又因氣候欠佳，大風雪導致空投全停，國軍繼而挖掘民間埋藏的糧食、酒糟，最後只能吃野草、樹皮、麥苗、騾馬皮。回憶錄中描寫官兵搶糧的行狀如同餓狼一般的到處奔跑，有的跟著空投傘一直跑到共軍陣地前，不顧死傷地搶吃大餅、生米；有的互相衝突，械鬥殘殺。由於空投的糧食不夠分配，各部隊官兵每日都吃不飽。〔註 15〕

在三大戰役後，國府部隊只剩三個集團軍能保持一定實力，即防守長江中下游的湯恩伯軍團、長江中上游的桂系白崇禧軍團，駐防西北地區的胡宗南軍團。此三集團軍也逐步被擊潰，自三十八年四月二十一日，共軍渡長江，五月二十七日上海淪陷，湯恩伯軍 40 萬人被殲。接著白崇禧兵團在粵桂潰敗。十一月三十日，重慶淪陷，蔣介石命胡宗南部屬死守成都，以與台灣相呼應。十二月二十六日成都淪陷，胡退守西昌，但因共軍進逼，只得與西康省主席賀國光飛台灣。〔註 16〕年底全中國陷落。最後的三大戰役是國共決戰點，二個多月內國軍無論東北、華北及華東戰場均節節敗退，影響士氣戰力甚大，進而步向戰敗遷台的命運。

南京陷落後，蔣介石之戰略乃棄守大陸，以台灣為新抗共基地，命令將

文化，1997 年），初版六刷，頁 21。

〔註 13〕 參閱林桶法，《戰後中國的變局——以國民黨為中心的探討》（台北：商務印書館，2003 年），頁 170。

〔註 14〕 黃埔軍校第一期學員，參加過東征與八年抗戰。徐蚌會戰失敗後，在三十八年一月十日夜晚於河南省永城縣陳官莊被共軍所俘，四十五年初被送到北京戰犯管理所改造。四十八年十二月杜獲中共特赦，被安排在全國政協作文史委員，並相繼被選為全國代表大會代表和擔任全國政協委員、常務委員。七十年五月七日，杜聿明因腎功能衰竭去世，終年七十七歲。參閱鄭洞國等，《杜聿明將軍》（北京：新華書店，1993 年，第三次印刷），頁 115、122、195。

〔註 15〕 參閱杜聿明等，《國共內戰秘錄——原國民黨將領的回憶》（台北：巴比倫出版，1991 年），頁 235。

〔註 16〕 參閱李功勤，《中國現代史與兩岸關係》（台北：美鐘出版，1992 年），頁 184～185。

軍隊、裝備與價值三億元的黃金儲備和外匯撤台。〔註17〕而政府遷都歷程，也是一波三折。自三十七年東北失利後節節敗退，三十八年四月二十三日南京撤守後，政府遷廣州，至十月十二日遷都重慶，十一月二十九日又遷成都；最終十二月二十七日政府遷往台北。中共於同年十月一日成立中華人民共和國。〔註18〕

　　政府在國共內戰前，已是內戰、外患不斷，四處征戰早已使軍隊疲憊不堪。加上通貨膨脹、物價飛漲，人民生活艱難，對政府不滿之聲四起。經濟崩潰影響民生甚鉅，是國民政府戰敗之主因。〔註19〕除經濟因素外，政府官員在二次戰後接收出現「五子登科」的弊端，以不法手段取得金子、銀子、房子、車子和（衣服）料子，貪污腐化之行政更是失去民心。〔註20〕反觀中共成功運用戰術——「先打分散和孤立，後打集中和強大之敵；先取小、中型城市和鄉村，後取大城市」等，〔註21〕皆有助共軍壯大聲勢。共軍之戰術運用成功，如以鄉村包圍城市，加上使用蘇俄供給的武器，一再打擊國軍；另在社會上開闢「第二條戰線」，煽動學潮與反內戰、反美等抗議運動，使國民政府漸失民心，難逃戰敗命運。〔註22〕

（二）軍民退守台灣

　　國共內戰，長達四年，生靈塗炭，民不聊生，人民流離失所。而轉戰大江南北的軍士，及其眷屬，也不得不四處流亡。以外交部官員遷台為例：

> 三十八年十二月八日凌晨，外交部條約司幫辦薛毓麒、機要室科長吳翊麟依令趕往成都新津機場，但以沒有座位無法上機，乃折回城內轉往鳳凰山機場。沿路上軍旅眾多，塞車嚴重，好不容易抵達卻

〔註17〕　參閱徐中約著，計秋楓、鄭會欣譯，《中國近代史》（下），（香港：香港中文大學出版，2002年），頁770。

〔註18〕　轉引自張玉法，《中國現代史》（下），（台北：東華書局，1997年），九版，頁722～723。原文見高蔭祖，《中華民國大世紀》，頁595～601。

〔註19〕　參閱陳鑑波，《中華民國春秋》（下），（台北：三民書局出版，1989年，增訂四版），頁1167。

〔註20〕　參閱陳永發，《中國共產革命七十年》（上），（台北：聯經，2001年），頁404。

〔註21〕　參閱《毛澤東文集》第4卷，（人民出版社，1991年），頁1243～1260。轉引自金沖及，《轉折年代：中國的1947年》（北京：生活・讀書・新知三聯書店，2002年），頁482～483。

〔註22〕　參閱陳永發，《中國共產革命七十年》（上），（台北：聯經，2001年），頁465。

仍無機位。兩人再返新津機場，終於搭上自台灣輾回的飛機。同日，
中央各機關人員百餘人陸續抵海南島之港口，另由成都抵達渝林約
千人，均在候輪前往台灣。〔註23〕

（見附錄五、圖3、4，頁115、116）就連政府外交部的官員們，搭機遷台過
程都如此一波三折，更遑論大群擠往機場、港口的國軍弟兄、眷屬與一般民
眾等待遷台的心情是多麼煎熬。大陸變色後一批批軍民陸續抵台，粗略估計
近六十萬軍隊隨行，其中人數最多的是陸軍，約佔五十萬，海軍五萬四千，
空軍四萬五千。〔註24〕遷台行動自三十七年從空軍學校、機構等進駐台灣開
始，接續是運送檔案文件、重要物資，而後空軍、海軍、陸軍部隊依序遷台。
民國三十八年底政府遷台行動大致完成。〔註25〕

　　為了安頓隨軍隊四處遷徙、來台之軍眷而興建眷村。根據新竹市金城新
村張錦錕將軍的說法：

> 抗戰期間，部隊經常調動，營長以下不准結婚，但是有人早有太太
> 了，一個師約二、三十人有眷屬，隨部隊到處調動，每個師都有一
> 個留守處負責和眷屬聯絡。並將眷屬安排隨著部隊移動，協助找臨
> 時性的房子或借住民房。前方作戰完了，後方展開徵訓，留守處又
> 把太太送到徵訓的地方和先生見面。這個留守處一直到台灣來，眷
> 屬隨著部隊移動，留守處就近找鄉公所、學校、公家集會所安置眷
> 屬。可是暫時性的住所也不是辦法，故陸續興建眷村，留守處後來
> 變成眷村管理單位。（張錦錕口述，85/6/24）〔註26〕

由此可略知軍眷移動、安置的情形。另有描述撤退經過的眷村口述史提及，
因內戰吃緊，願意走的人，只要經過登記就可離開大陸。陸軍只能以坐船的
方式撤到台灣，空軍可選擇走海路或坐飛機撤退。〔註27〕軍隊與眷屬的撤退
主要分為三批。第一批是各個軍種的眷屬、後勤單位和糧草彈藥撤退，空軍

〔註23〕吳翊麟，〈隨遷計——民國三十八年外交部撤退來台經過〉，《傳記文學》，第
　　　　12卷第1期，116號，1972年1月，頁38。
〔註24〕參閱王德威，〈序二／老去空餘渡海心〉，收入齊邦媛、王德威編，《最後的黃
　　　　埔：老兵與離散的故事》（台北：麥田，2004年），頁9。
〔註25〕參閱陳錦昌，《蔣中正遷台記》（台北：向陽文化，2004年），頁52～58。
〔註26〕林樹等作，《新竹市眷村田野調查報告書》（新竹：新竹市立文化中心，1997
　　　　年），頁26～27。
〔註27〕參閱潘正國編，《竹籬笆的長影——眷村爸爸媽媽口述歷史》（新竹：新竹市
　　　　立文化中心，1997年），頁244。

因自己有飛機，所以眷屬多數都完全撤退出來；其中又以「大肚子隊」（懷孕的眷屬）最先來台。如空軍第一大隊就動員五架 C-46 運輸機，每一架都載了二、三十個有孕在身的軍眷婦女到台中水湳機場，並暫住在機場的機棚。第八大隊、第二十大隊也都是如此。〔註 28〕第二批是支援作戰單位，但各隊還留了一班地勤單位支援作戰。第三批是三十九年作戰撤退的部隊。〔註 29〕根據新竹眷村居民劉鴻飛對第一批撤退的印象：

> 我們這個大隊的「大肚子」眷屬，撤退到台中水湳機場，孕婦們都暫住在機場內機棚臨時搭的空間。……這些大肚子眷屬把我們忙壞了，有一個晚上生了八個娃娃。我開著卡車到醫院載醫生和護士來接生，實在忙不過來，大隊長、副隊長和中隊長的太太都出來伺候產婦。〔註 30〕

另外從海軍新村出身的報導人隋建中，在撤退過程中所目擊的情景，也能深刻了解撤退時的艱困和無奈。

> 民國三十七年，國民政府和共軍作戰節節敗退。當時我們的軍艦在江蘇連雲港內，港口上密密麻麻的都是等待撤退的人潮，連雲港是隴海鐵路終點站，所有部隊和難民都集中在港內。放眼看去，到處都是部隊和難民，黑鴉鴉的一片，少說也有好幾萬人。我在四百噸的登陸艇上可以看到共軍騎著馬就在後面追，當時只能用兵荒馬亂來形容。
>
> 碼頭上的人潮，都往海上接駁小船跳，有的沒有跳準，掉到海裡，有的被擠到海裡。一旦落入海中，根本不會有人去救他們，人人自顧都不暇。……其實港口外還有好幾艘一萬噸的船，可以載部隊或難民撤退。由於指揮系統已經崩潰，場面完全無法控制，加上擔心被共軍的火砲攻擊，就一直停在港外不敢進港。當時的場面看了都讓人掉眼淚，因為生死只在一線之間，上得了船就生，上不了船就死，共產黨就在屁股後面。〔註 31〕

〔註 28〕參閱陳錦昌，《蔣中正遷台記》（台北：向陽文化，2004 年），頁 62。

〔註 29〕潘正國編，《竹籬笆的長影——眷村爸爸媽媽口述歷史》（新竹：新竹市立文化中心，1997 年），頁 252。

〔註 30〕林樹等作，《新竹市眷村田野調查報告書》（新竹：新竹市立文化中心，1997 年），頁 52～53。

〔註 31〕林樹等作，《新竹市眷村田野調查報告書》（新竹：新竹市立文化中心，1997

筆者也提出本文個案仁和村居民們從大陸遷台的經過，以輔助說明，兵荒馬亂中的大撤退狀況。（參見附錄一、大撤退圖，頁 101）。

（1）徐蔣秀禎婆婆民國三十六年隨丈夫部隊遷徙；他們從四川坐船撤退到上海住了一年後，隨政府指示坐船遷台，抵高雄十四碼頭。徐婆婆回憶逃難當時，船上滿載車子和軍眷，來台初就住進高雄碼頭附近的庫房幾個月。徐婆婆經歷了軍隊和眷屬撤退的急迫，與一批批移民接續來台的大遷徙景況。〔註32〕

（2）康淑英婆婆對逃難的印象深刻。憶及當時提了一只箱子倉促逃難，睡在被炸的破房子內，每次下雨都要找沒漏雨的角落休息。中國因內戰導致的殘破及潦困生活可見一般。民國三十七年，她和丈夫一起從北京坐船到上海，等了一個月，再到四川重慶住了一年。三十八年坐軍機途經海南島，最後在嘉義下飛機。〔註33〕

（3）周成福爺爺原是跑船的水手。他覺得當兵拿左輪手槍很帥，於民國三十八年二月十六日自願入伍空軍旅。周爺爺雖然沒有實際參與作戰，卻有豐富的後勤移防經驗。他歷經武漢、衡陽、桂林、柳州、南寧、海南島等基地的移防駐守，主要擔任看守飛機的後勤工作。他在海南島坐登陸艇中字 119 號到基隆上岸，再隨部隊坐火車到虎尾，並且移防至嘉義、台中清泉崗等基地。〔註34〕

（4）王遠華婆婆民國三十八年十二月初八早上八點多在重慶百十一機場坐上飛機，中午抵台，先入住屏東眷村。由於撤退過程很苦，吃不好又適逢大雨，一到台灣丈夫就生病染上風寒，到處看醫生；又要用豬肝、瘦肉、雞湯補身，花費很大，所以早期家境不好。軍人因作戰生活環境差，導致受傷生病的不在少數，顯示出內戰時貧乏的醫療資源及撤退的艱辛生活。〔註35〕

以上幾位二空居民們的遭遇，就是大批遷台軍民的寫照：在大陸因國軍

年），頁 52。

〔註32〕仁和眷村訪談資料，徐蔣秀禎婆婆訪談內容，2005/2/28，10：10～12：00 分，頁 14。

〔註33〕仁和眷村訪談資料，康淑英婆婆訪談內容，2005/2/12，8：30～9：50 分，頁 6。

〔註34〕仁和眷村訪談資料，周成福爺爺訪談內容，2005/2/12，13：00～14：30 分，頁 5。

〔註35〕仁和眷村訪談資料，王遠華婆婆訪談內容，2005/2/11，13：00～14：20 分，頁 3。

敗退南遷，打仗逃難的日子十分困苦，又容易生病。日後隨政府指示乘船或飛機遷台，他們也多懷抱著離鄉背井、又不知戰亂何時結束的忐忑心情。就是因爲湧來這一波波爲數眾多的外省籍國軍與眷屬，才有配置及興建眷村居住的需求。

　　從上述的眷屬隨軍隊遷移情形，與仁和村受訪之遷台實例可以看出：這群來自大陸的大批軍眷們，身處戰亂年代，跟隨政府軍隊不斷的遷徙。在留守處單位的安排下，女眷才能與剛作過戰的丈夫見面，夫妻倆過著流離動盪的艱苦生活。撤台初期仍四處移防，幾經調遣，他們才終於在全台不同的軍眷村中落腳；當然在臺生活絕非其初衷，而早期政府也不斷高唱《反攻大陸去》等多首軍歌，一再表明奪回中國故土的壯志。「無奈世事難料，台灣臨時搭建或配住的眷村卻轉變成他們寄託生命的家園。」〔註36〕而這些外省移民自身的飲食文化、家庭、政治理念又是如何適應與傳承給下一代的呢？這將在下一章進行討論。

二、眷村興建的原因與落實

　　民國三十八年開始，內戰失敗導致大量國軍遷台，部分眷屬跟隨軍隊同行。接踵而至的問題便是如何安置這些來自大陸各地的軍民。國民政府特爲此成立管理軍眷事務的行政組織與頒布安置辦法來解決居住問題。

　　國軍的眷屬服務業務始於民國三十二年。對日抗戰時，爲使作戰官兵無後顧之憂，政府曾令後勤單位負責辦理眷糧補給。〔註37〕軍眷業務在政府遷台前，多由各部隊自行張羅。大陸軍民湧入台灣後，相關眷管組織才因應建立。在三十八年六月上旬，爲確保東南基地、配合反攻大陸，蔣介石成立重要的軍政指揮機構「東南軍政長官公署」，由陳誠主事，統一指揮東南軍政事宜。同年九月蔣介石手令成立軍眷管理機構，統籌救濟安置辦法。所以東南軍政長官公署於十一月十六日成立「軍眷管理處」，隸屬東南區補給司令部，將東南區各前方軍人眷屬集中管理，以指定地區分配住所，統發眷糧爲要務。〔註38〕

〔註36〕論文指導老師張四德教授撰述，2007年。
〔註37〕原文見「國防部軍眷服務處工作任務簡介」，1996年7月，國防部軍眷服務處，頁2。未出版。轉引自林樹等，《新竹市眷村田野調查報告書》（新竹：新竹市立文化中心，1997年），頁25。
〔註38〕國防部史譯局，《國軍後勤史》第五冊，（台北：國防部史政編譯局，1989

　　民國三十八年軍眷隨國府來台後，三十九年軍眷服務改由聯勤留守業務署主辦。爲照顧無依軍眷，聯勤總部於同年八月一日於桃園成立第一軍眷管理所。轄區包括臺中、新竹、桃園等地，徵用或借用廠房爲宿舍收容無依軍眷 1,100 餘人。四十年一月又於大林成立第二軍眷管理所，轄區包含員林、新港、溪口各地，眷舍多爲廟宇及臨時建築，收容軍眷 700 多人。〔註 39〕正如仁和村戴蘭琴女士訪談時表示，三十八年五月從新竹下飛機，又坐火車到台南，同行 16 人在衛民街十幾個帳棚居住，一個大帳棚可住六、七家人。〔註 40〕三十九年陳秀英女士也住過台南仁德糖廠附近搭的帳棚，帳棚附近多沙土，路面不平多坑洞，一下雨滿地泥濘，用水也不方便。〔註 41〕由此可見遷台當時軍眷居住的克難境況。

　　而最重要的安置措施，莫過於民國三十九年十月公佈實施的「國軍在臺軍眷安置辦法」〔註 42〕。爲使官兵無後顧家累之憂能專心作戰，政府決定興建眷村來安頓大批軍眷。因政府財政吃緊，無力集中興建眷村，三十九年八、九月間國防部開始徵用台灣各公私空餘廠房 20 餘處，分配軍眷 2,700 餘戶居住；十月復核發第六軍等 28 個單位急造眷舍專款，讓其自行建造。〔註 43〕國防部也權宜利用二次大戰日人遣返後遺留空間──以日式建築爲主的官舍、工廠、倉庫等，作爲安置來台的軍眷居住空間。〔註 44〕如高雄左營之明德新村（見附錄五、圖 5，頁 116），原爲海軍士校接收的日軍遺管眷舍，當時分配給海軍撤台高階軍官居住。〔註 45〕

　　民國三十九年，軍眷業務由聯勤總部負責。四十九年八月聯勤總部所屬

　　　　年），頁 245～246。
〔註 39〕國防部史譯局，《國軍後勤史》第五冊，（台北：國防部史政編譯局，1989
　　　　年），頁 249～250。
〔註 40〕仁和眷村訪談資料，戴蘭琴婆婆訪談內容，2005/2/14，8：30～9：50 分，頁
　　　　8。
〔註 41〕仁和眷村訪談資料，陳秀英婆婆訪談內容，2005/2/20，10：15～11：55 分，
　　　　頁 12。
〔註 42〕國防部史譯局，《國軍後勤史》第五冊，（台北：國防部史政編譯局，1989
　　　　年），頁 245～246。
〔註 43〕國防部史譯局，《國軍後勤史》第五冊，（台北：國防部史政編譯局，1989
　　　　年），頁 249。
〔註 44〕林欽榮，〈都市更新在新竹的歷史任務：新竹模式眷改〉，《建築師》，2001 年
　　　　11 月，頁 51。
〔註 45〕劉珩，〈左營眷村述記〉，《高市文獻》，2001 年 9 月，頁 2。

眷管處、撫恤處、軍人保險管理處，及國防部動員局之留守業務執行小組，合併爲留守業務署，軍眷的服務管理機制更加完善。〔註46〕五十三年，軍眷業務改由總政戰部第五處接辦，同時各總部成立眷管處，負責眷舍分配。眷舍興建、修繕、軍眷醫療、眷村環境衛生由國防部後次室主管。軍眷權益維護、給與標準，由人力司主管。〔註47〕五十九年二月，軍眷業務獲統一辦理，國防部成立「軍眷業務管理處」，隸屬總政戰部，統整所有軍眷業務，包括眷村遷建、眷村管理、軍眷服務、慰助等。

眷村管理工作從聯勤留守業務署移轉到總政戰部，即是強調眷村服務的功能。如五十九年起每年編列眷舍之修繕預算三千萬元；同年開辦「華夏專案」，輔導官兵貸款購宅。六十四年起成立「軍眷住宅合作社」，計畫興建各型低價住宅。原來聯勤留守業務署則維持辦理生活補助費發放、保險、撫恤、醫療等業務。〔註48〕八十四年「軍眷業務管理處」更名爲「軍眷服務處」，更符合爲軍眷提供服務的宗旨。「軍眷服務處」的目標爲：「有效運用眷村組織，動員眷村力量，加強自衛防護，維護軍眷安全，並適時支持軍勤，以確保軍事任務之達成。」〔註49〕

所以，國軍撤退，政府爲安置遷台軍眷執行了一連串措施，包括「軍眷管理處」、軍眷管理所，並且決定興建眷村。〔註50〕「軍眷管理處」即爲現今隸屬國防部總政戰局的「軍眷服務處」，仍然爲軍眷們提供協助與服務。

三、眷舍興建因陋就簡

政府遷台初期，全力實施土地改革發展農業。第二任省主席陳誠自民國三十八年到四十二年推動三七五減租、公地放領、耕者有其田一連串的土地改革，以農業發展穩定台灣經濟。〔註51〕五十年代，政府以全面恢復日治時

〔註46〕郭冠麟編，《從竹籬笆到高樓大廈的故事──國軍眷村發展史》（台北：國防部史政編譯室，2005年），頁36。
〔註47〕新竹眷村博物館網站，http://www.hcccb.gov.tw/chinese/13museum/mus_b02.asp?station=104&museum_id=27，2007/2。
〔註48〕郭冠麟編，《從竹籬笆到高樓大廈的故事──國軍眷村發展史》（台北：國防部史政編譯室，2005年），頁37。
〔註49〕原文見「國防部軍眷服務處工作任務簡介」，1996年7月，國防部軍眷服務處，頁2。未出版。轉引自林樹等作，《新竹市眷村田野調查報告書》，頁25。
〔註50〕國防部史譯局，《國軍後勤史》第五冊，（台北：國防部史政編譯局，1989年），頁245～246。
〔註51〕游啓亨，《台灣現代史通覽》（台南：人光出版，2001年），頁47。

代農村的農業、水利、金融等制度爲主。土地改革成功，政府取得農村剩餘，轉爲工業發展基礎。〔註 52〕此時也正是眷村興建時期，眷村的經濟生活與環境機能都處於起步階段，極需充實改善。

政府遷台後，積極準備反攻大陸，三十九年五月國軍從舟山群島撤退時，蔣介石發表了〈爲撤退舟山、海南國軍告大陸同胞書〉，提出「一年準備，二年反攻，三年掃蕩，五年成功」的目標。〔註 53〕同年十二月三十一日，中共也發表〈告前線將士和全國同胞書〉，提出三十九年的戰鬥任務，要解放台灣、海南島和西藏，完成中國統一的事業。〔註 54〕國民政府既表明短期內反攻，眷村乃由當地官兵自建，被認爲是臨時性住所，克難興建，因陋就簡。第一個爲眷屬而建的眷村，是三十八年興建的台北四四南村。本文將舉其例說明眷舍概況。民國四十五年婦聯會發起軍眷籌建住宅運動，所建眷舍有統一型式、配備與配給規定，也將一併介紹。

民國三十九年五月，總統蔣介石提出二年內反攻大陸的目標。眷村被普遍認爲是短期臨時性的住所，建築材料多以「竹椽土瓦蓋頂，竹筋糊泥爲壁」，形成一個以竹籬笆等簡易建材搭蓋的居住環境。眷村大多位在當年都市的外緣區，如臺南市沿東寧路的崇誨新村、裕農路的精忠三村；有的在部隊戍區附近，如臺北信義計劃區的四四兵工廠旁的眷區（見附錄五、圖 6，頁 116）。〔註 55〕眷村因具軍事性質而與外界隔離，由軍方管理、統發眷糧，而且內設自治會、學校、診療所等，運轉行政、教育、醫療等功能，形成封閉性的社群。

在台灣國防部最早規定之眷舍設計標準，以軍眷家庭人口多寡，分成甲、乙、丙三種。甲種爲全家大小六口以上所建之眷舍，佔地 29.20 平方公尺；乙種爲五口以上興建之眷舍、佔地 22.90 平方公尺；丙種爲三口以上者，佔地 16.60 平方公尺。〔註 56〕根據眷管處〈國軍在臺軍眷業務處理辦法〉規定，對軍眷以「集中管理、集中居住」爲原則。另爲安定軍心，政府針對現役及退

〔註 52〕 莊永明總策劃，《台灣世紀回味：時代光影 1895～2000》（台北市：遠流出版，2000 年），頁 78。

〔註 53〕 陳錦昌，《蔣中正遷台記》（台北：向陽文化，2004 年），頁 221。

〔註 54〕 轉引自張讚合，《兩岸關係變遷史》（台北：周知文化，1996 年），頁 94。原文見王功安等，《國共關係通史》（武漢大學，1991 年），頁 937。

〔註 55〕 丁瑋，〈眷村與眷村文化〉，《歷史文物》，1996 年 8 月，頁 71。

〔註 56〕 國防部史政編譯局，《國軍後勤史》第五冊，（台北：國防部史政編譯局，1989 年），頁 176。

役之有眷軍人優先配予眷村房舍。〔註57〕但因經費拮据，由官兵自建的眷舍，面積、建材略有不同，多以磚、木構造，水泥瓦覆頂，構築連棟式、無衛浴設備之小平房，每戶面積約爲4～9坪之間，公共設施也多因陋就簡。〔註58〕居住時間一久，軍眷人口又增加，便不敷使用。

　　例如，全台第一個眷村，「四四南村」，於民國三十八年設立。三十七年從大陸青島遷台的「聯勤四十四兵工廠」的眷戶們，合力清空日據倉庫作爲宿舍，戶與戶之間只以布幔做隔間，每戶大約有三點五坪。但因後來眷口增加，地小人多、環境惡劣，而在今台北市信義計畫區的現址搭蓋四四南村，成爲全台第一個軍方眷屬的住處。〔註59〕四四南村原爲十棟魚骨狀單元組成社區，九十年改建特保留 4 棟魚骨結構的眷村房屋，規劃成公園區、中央廣場區及特展館（A 館）、眷村展示館（B 館）、展演館（C 館）、社區館（D 館）四棟館社，成立「信義公會館」。

　　除遷台初期官兵自建眷村外，另一批大規模興建的眷村是從民國四十五年至五十年代（約 1967）之間，由「中華反共抗俄婦女聯合會」（婦聯會）發起的軍眷籌建住宅運動。這段時期陸續興建的眷村，稱爲早期眷村（或老舊眷村）。

　　婦聯會於遷台後成立，代表婦女支持政府、投入改善社會生活的一大力量，對軍眷村興建也有很大的貢獻。民國三十九年四月十七日，由主任委員蔣宋美齡女士，創立於台北市，全名是「中華民國婦女聯合會」（附錄五、圖7，頁 116），最初會銜是「中華婦女反共抗俄聯合會」；五十三年經內政部核備改爲「中華婦女反共聯合會」；八十五年又改爲「中華民國婦女聯合會」。民國三十九年蔣宋美齡女士，聯合志同道合之中華各界婦女，以擁護政府，造福軍民，全力爲國家社會服務爲創會宗旨。〔註60〕蔣宋美齡並指示未來婦聯會不僅服務三軍，更應以全省同胞之需要爲念，凡貧病、殘障、失依、困苦者，均爲該會服務之對象。〔註61〕

〔註57〕 參閱何思瞇，《臺北縣眷村調查研究》（台北：北縣文化局，2001 年），頁 23。

〔註58〕 參閱柯茂榮，〈台灣省都市再發展——論軍眷村改建過程及展望〉，《工程》，1996 年 11 月，頁 16。

〔註59〕 國防部史政編譯局，《國軍後勤史》第五冊，（台北：國防部史政編譯局，1989年），頁 250。

〔註60〕 嚴倬雲、汲宇荷、楊夢茹，《婦聯五十五年》（台北：中華民國婦女聯合會，2005 年），頁 9。

〔註61〕 嚴倬雲、汲宇荷、楊夢茹，《婦聯五十五年》（台北：中華民國婦女聯合會，

　　婦聯會首先致力於服務三軍。在民國三十九年征衣工場成立（見附錄五、圖8，頁116），動員婦女爲前方戰士縫製征衣；又開辦婦女救護訓練班，組成各地勞軍的電影隊，不定期巡迴播放電影給基地軍隊及軍眷欣賞。而後婦聯會擴及關懷眷村，四十年創辦洋裁班，教導眷村婦女裁縫技巧；四十二年成立「惠幼托兒所」，初期免費招收軍人及烈士遺族子女，爲國內歷史最久托兒所。接著，各地分會紛紛於眷村開辦婦聯會托兒所、幼稚園，關注軍眷幼兒教育。四十五年，籌建軍眷住宅是婦聯會爲改善軍眷生活環境的重大貢獻之一。首批興建四千戶，迄今已逾五萬戶。除服務軍眷外，婦聯會每年舉辦慈善活動，並接待來訪外賓。〔註62〕

　　民國四十五年婦聯會發起的軍眷籌建住宅運動，是整個住宅計畫的開端。由蔣宋美齡女士指示婦聯會發動「民間捐款」以興建眷宅，「捐贈」給國防部分配安置軍眷居住。同時，婦聯會邀集國防部組成「軍眷住宅籌建委員會」，由籌建委員會議推動，下半年共募捐六千萬，興建眷宅 4,000 棟，每幢造價 6,000 元，後增爲一萬元。〔註63〕接下來十多年間（至五十六年），平房式軍眷住宅共興建了十期，計三萬八千一百棟。這些「民間捐贈住宅」的數量佔同期國宅興建量的一半，分佈全省。〔註64〕婦聯會除爲國軍官兵籌建一至十期的木造眷舍外，後又建造十一至十八期的職務官舍，並改進爲四或五層鋼筋水泥的公寓。（見附錄五、圖9，頁116）前後十八期共建五萬三千八百三十八戶，受惠官兵及眷屬達數十萬人。〔註65〕

　　由婦聯會籌建之眷舍，就型式質料分爲 A、B 型木造，A、B 型磚造，由軍事工程局負責設計。A 型面積較大佔地 7.08 坪，設起居室、臥室、廚房及廁所。B 型稍小佔地 5.25 坪，設有臥房、廚、廁、屋頂加用油毛紙及硬甘蔗板，另設公廁及垃圾箱、裝自來水，每戶裝一電表，數個眷村設一診療所、托兒所、福利社。國防部依婦聯會指示，訂定配住原則，以無依軍眷及遺眷貧苦者爲優先；其餘按現有缺戶比例分配各軍種，再按貧苦、外島、部隊、

　　2005 年），頁 126。
〔註62〕嚴倬雲、汲宇荷、楊夢茹，《婦聯五十五年》（台北：中華民國婦女聯合會，2005 年），頁 18～27。
〔註63〕劉珩，〈左營眷村述記〉，《高市文獻》，2001 年 9 月，頁 4。
〔註64〕參閱桃園縣政府網站
　　　　http://www.tycg.gov.tw/cgi-bin/SM_theme?page=3e816b10，2007/2/8。
〔註65〕中華民國婦女聯合會，《婦聯五十五年》（台北：中華民國婦女聯合會，2005 年），頁 135。

機關學校次序分配。〔註66〕

　　本文個案研究之台南縣二空新村，是民國四十七至五十三年間蔣宋美齡率婦聯會所捐建，共建眷舍550戶，其中包含二空轄區內345戶的貿易四村，村內兩處入口至改建前仍設有蔣宋美齡親筆所題「貿易四村」紀念石碑。（見附錄五、圖10，頁117）建造經費來自蔣宋美齡向台灣進出口貿易商募集款項，因此用貿易二字命名。當時共有1～9村，分散興建於臺南（二空之貿易四村）、新竹、臺北、臺東等地。〔註67〕

　　眷村命名有其典故。自民國三十八年起為激勵士氣，眷戶自行以口號命名，如「成功」、「復興」、「自強」、「合群」等；婦聯會籌建之眷村則多由捐建單位所屬命名，「果貿」即由台灣省青果業公會捐款興建、「公學」是公立學校教職員捐款興建；〔註68〕以居住成員、地名來命名者，如依軍種相關名稱命名：陸軍之「陸光」、「裝甲」，海軍之「海光」，空軍之「凌雲」、「藍天」、「大鵬」；聯勤之「明駝」等。以村落所在地命名，如「三重」（台北縣）、「美崙山」（花蓮縣）等。〔註69〕

　　總觀台灣眷村的形成，自有其特殊的歷史背景。為了安頓大批政治性遷移人口，政府與婦聯會特地興建有制度、計畫，歸公家控管之住宅聚落。自台灣光復後至民國八十年代，全台經由官方列管的眷村總數將近900處，眷村基地所占的土地面積達2,000餘公頃。而以民國七十四年「軍眷服務處」製作之〈國軍列管眷村資料名冊〉資料顯示，由國防部列管之軍眷村共888處，眷舍114,465個單位，眷戶109,786戶。〔註70〕然而台灣眷村，原屬臨時性住所，因國軍長年駐台，導致克難眷舍歷經風吹雨打、蟲蟻蛀蝕已不堪居住。故國防部於民國六十九年發佈「國軍老舊眷村重建試辦期間作業要點」，使眷村改建而重獲新生。

〔註66〕劉珩，〈左營眷村述記〉，《高市文獻》，2001年9月，頁4。

〔註67〕施添福編纂，《臺東縣史》（臺東：臺東縣政府，2001年），頁243。

〔註68〕參閱劉珩，〈左營眷村述記〉，《高市文獻》，2001年9月，頁2。

〔註69〕郭冠麟編，《從竹籬笆到高樓大廈的故事──國軍眷村發展史》（台北：國防部史政編譯室，2005年），頁27～29。

〔註70〕轉引自何思瞇，《臺北縣眷村調查研究》（台北：台北縣政府文化局，2001年），頁23。原載馬自立，〈眷村改建住宅可行途徑之研究〉，收入《台灣土地金融季刊》，1990年，頁163～164。

第二節　全台眷村的興衰與重建

　　爲了安置隨軍來台的眷屬，政府在全台各地先後建立了眷村。眷村也成爲台灣及世界歷史上特殊的族群棲息之地。本節將透過對眷村總數、陸海空軍眷村興建數量等分析，說明全台眷村的興建與眷村的形成。接著探討近年來眷村改建的情形，以對台灣眷村從興起至沒落、改建作一完整研究。

一、民國三十九～八十九年三軍眷村的興建

　　眷村的種類繁多，要統計全台自三十八年起興建的眷村總數，是一項複雜困難的工程。最新出版的《國軍眷村發展史》，附表詳列了全台眷村的名稱、興建年代與所在地等各項資訊。筆者分析陸、海、空軍在不同年代興建的眷村數量，以了解三軍眷村逐年興建的情形及分佈圖。

　　根據李如南主持的眷村研究，軍眷村一共分成七種。〔註71〕種類如下：

1. 爲安頓有眷軍人而覓地建造配與居住之住宅社區；
2. 利用日遺房舍配與居住之住宅社區；
3. 職務官舍；
4. 以「華夏貸款」興建之住宅社區；
5. 與省市政府合作改建之國宅眷村；
6. 由軍眷住宅合作社先建配售之住宅社區；
7. 散戶眷村。

　　本論文之個案台南縣仁和村即屬於上列第一項之軍方爲安頓有眷軍人而覓地建造之眷村。另就眷村列管單位與居民的軍種而言，軍眷村又可分爲陸、海、空軍、聯勤、警備、後備、憲兵以及國防部直屬單位等所屬的眷村。本節主要統計佔全國眷村數量一半以上，且有明確記錄興建年代的陸海空軍列管眷村。另有接收日遺房舍與未記載興建年代的少數眷村，非本文討論範圍而不予列入計算。全台國軍眷村的總數，早年因機密考量無精確計算。且眷村時有遷移、合併，加上自六十八年開始眷村改建，許多眷村合併或消失，都增進統計的困難度。民國七十四年，國防部總政治作戰部眷服處製作了一份「國軍列管眷村資料名冊」，算是第一次對眷村統計較有規模的資料，其中

〔註71〕李如南主持，《台灣地區軍眷村更新配合都市發展之研究》（台北：中華民國都市計劃學會，1988年），頁6。

包含老舊眷村與已改建仍設有自治會之國宅社區。九十年「中華民國國軍眷村協進會」也進行了一次眷村調查，不論改建與否，只要有自治會組織均列入統計。七十四年與九十年統計的數目有相當大的出入。〔註72〕

　　本論文參考《國軍眷村發展史》一書所整理之眷村一覽表，以七十四年總政戰部版本為主，九十年的協進會版本為輔，共計 886 村。雖然書中資料某些細節可能重複、錯誤，但已是筆者目前所見最新整理、也較詳盡的眷村列表。由於八十五年眷改條例之作法已採「不建餘屋」、「建大村、遷小村」、「先建後拆、全面改建」，故眷村興建之記錄至八十年代為止。筆者引用《國軍眷村發展史》，製作陸海空軍各縣市眷村興建年代及數量表三份，藉以分析出不同軍種與不同時代的眷村特色。

*表一　陸軍眷村興建年代及數量表（民國三十七～八十九年）

縣市地區	37～49 年	50～59 年	60～69 年	70～79 年	80～89 年	小計
基隆市	3	2	0	1	0	6
宜蘭市	6	2	0	2	0	10
台北縣／市	縣 12／市 14	縣 12／市 18	縣 3／市 2	縣 1／市 1	0	63
桃園縣	21	20	3	2	0	46
新竹縣／市	縣 1／市 11	縣 0／市 2	縣 0／市 1	縣 0／市 1	0	16
苗栗縣／市	縣 1／市 3	1	0	0	0	5
台中縣／市	縣 6／市 17	縣 3／市 13	縣 4／市 0	縣 2／市 2	0	47
南投市	2	1	0	0	0	3
彰化縣／市	縣 3／市 3	縣 1／市 0	1	0	0	8
雲林縣	0	1	0	0	0	1
嘉義縣／市	縣 2／市 8	縣 1／市 4	0	0	0	15
台南縣／市	縣 2／市 16	縣 2／市 2	縣 2／市 0	縣 1／市 2	0	27
高雄縣／市	縣 10／市 8	縣 6／市 0	縣 3／市 0	0	0	27
澎湖縣	1	2	0	0	0	3
總　計	150	93	19	15	0	277

〔註72〕郭冠麟編，《從竹籬笆到高樓大廈的故事——國軍眷村發展史》（台北：國防部史政編譯室，2005 年），頁 385。

*表二　海軍眷村興建年代及數量表（民國三十七～八十九年）

縣市地區	37～49 年	50～59 年	60～69 年	70～79 年	80～89 年	小計
基隆市	6	2	0	0	0	8
台北縣／市	縣 1／市 3	縣 1／市 0	縣 1／市 1	0	0	7
台中縣／市	縣 1／市 0	0	0	0	0	1
高雄縣／市	縣 5／市 16	縣 2／市 2	縣 4／市 6	縣 1／市 1	1	38
澎湖縣	0	2	1	2	0	5
總　計	32	9	13	4	1	59

*表三　空軍眷村興建年代及數量表（民國三十七～八十九年）

縣市地區	37～49 年	50～59 年	60～69 年	70～79 年	80～89 年	小計
基隆市	2	0	0	0	0	2
宜蘭市	0	1	0	0	0	1
台北縣／市	縣 7／市 20	縣 2／市 10	縣 0／市 7	縣 0／市 2	0	48
桃園縣	12	9	4	0	0	25
新竹縣／市	縣 2／市 15	縣 0／市 10	縣 0／市 1	0	0	28
台中縣／市	縣 7／市 23	縣 0／市 5	縣 1／市 3	縣 1／市 1	0	41
南投縣	1	0	1	1	0	3
嘉義縣／市	縣 2／市 5	縣 2／市 4	縣 1／市 0	0	0	14
台南縣／市	縣 2／市 5	縣 1／市 3	縣 2／市 0	縣 1／市 2	0	16
高雄縣／市	縣 5／市 2	縣 6／市 1	縣 3／市 0	0	0	17
屏東縣／市	縣 1／市 10	縣 1／市 5	縣 0／市 2	0	0	19
澎湖縣	0	2	0	0	0	2
花蓮縣／市	縣 3／市 2	縣 0／市 2	縣 0／市 1	縣 1／市 0	0	9
台東市	1	1	1	0	0	3
總　計	127	65	27	9	0	228

* 李宜潔整理製作，參考郭冠麟編，《從竹籬笆到高樓大廈的故事──國軍眷村發展史》，台北：國防部史政編譯室，2005 年。

圖二　全台眷村興建數量直條圖

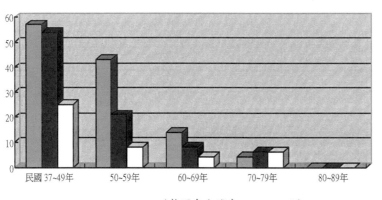

（整理自上述表一、二、三）

圖三　台南市陸、空軍眷村興建數量直條圖

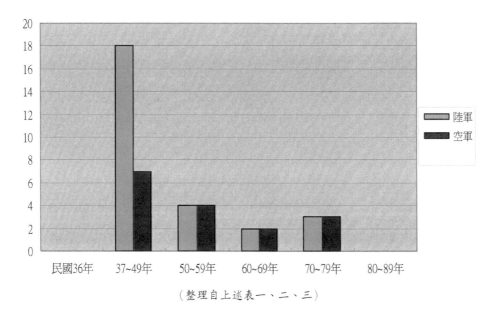

（整理自上述表一、二、三）

　　根據筆者統計，全台各縣市中，以台北市（176）、台北縣（90）、台中市（87）的眷村數最多。而雲林縣（7）、新竹縣（4）、南投縣（1）居末。眷村建築年代，最早是民國三十二年之空軍北縣新生新村，此為日人所建，二次戰後國軍將日人遺留房舍改建成眷村。最晚興建的是八十四年聯勤司令部之台東慈仁九村（第 18 期職務官舍完工進住）。50 餘年內全台共興建近 900 座眷村，但是大部完成於四十到六十年代，也是眷村最繁榮的時代。如從上列

統計表分析得知，民國三十七～四十九年是三軍眷村興建數量最多的年代：陸軍佔 150 村，海軍 32 村，空軍 127 村；五十～五十九年陸、空軍眷村興建數少於四十年代，海軍眷村興建數更少於六十年代而居第三位，陸軍佔 93 村，空軍 65 村，海軍 9 村；六十～六十九年眷村興建數量漸減，陸軍佔 19 村，海軍 13 村，空軍 27 村。七十年代後各地只剩零星眷村興建，顯示眷村需求數量已呈飽和狀態。

就統計結果而言，將三軍眷村的數量作一比較，陸軍眷村最多，共 277 村，多分佈於桃園縣（46）、台北市（35）和台中市（32）。空軍眷村居次，共 228 村，多分佈於台北市（39）、台中市（32）和桃園縣（26）。海軍眷村較少，共 64 村，多分佈於高雄市（26）、高雄縣（12）、和基隆市（8）等靠海的城市。

陸軍眷村數量最多，乃因陸軍部隊人數、基地最多。但陸軍眷舍規模、境況卻較差，此與三軍遷台順序有關。三軍之中陸軍最晚抵台。三十八年五月上海失守後，京滬杭警備總司令湯恩伯才下令召集軍長及主要單位人員面示撤退機宜，開始大量撤台，此時日人遺留之上乘眷舍早已分給先行來台的空、海軍。〔註73〕空軍因進行探察、搬運行動而遷台最早，數量也較海軍多，且進駐基地附近，如本論文二空新村即由進駐台南空軍基地的二供應處官兵於民國三十九年所自建。不過眷舍也因階級高低而水準不同；如將士階級多進駐日式眷舍（如台南水交社），至於一般官兵多自建克難眷舍居住。〔註74〕三軍列管眷村中，海軍眷村數量最少，且只分佈於基隆、台北、台中、高雄、澎湖五地，此與海軍基地位於港口附近有關。

二、民國六十九、八十五年兩波大規模眷村改建國宅工程

眷村原屬克難的臨時住所，居住時間一久，屋況問題叢生。眷村改建工作自民國六十九年展開。而對眷改政策、法制之研究，有吳存金（1985）〈台北市軍眷村改建國宅政策之研究〉、魏文鵬（2005）〈國軍老舊眷村改建法制之研究〉等。本篇將討論改建契機與兩波改建重點外，並將六十九年《國軍老舊眷村重建試辦期間作業要點》，與八十五年《國軍老舊眷村改建條例》作比較，以了解眷村改建國宅的經過及改建現況，連帶說明台南縣的眷改

〔註73〕參閱陳錦昌，《蔣中正遷台記》（台北：向陽文化出版，2004 年），頁 154。
〔註74〕參閱陳錦昌，《蔣中正遷台記》（台北：向陽文化出版，2004 年），頁 154。

情形。

（一）改建的契機

　　眷村是時代的產物，因應戰亂時代、大批政治性遷台軍民，再擇基地附近之平坦空地，在如此天時、地利的條件下造成了眷村。由於當初各地官兵只以簡易材料克難興建眷村，時日一久，當然容易遭蟲蛀蝕而腐壞。而眷村巷道狹窄，早期又因眷戶人口密集，常加蓋二樓違建更顯雜亂；遇雨則漏水易淹水；衛生條件極差，消防車無法駛入，公共安全不受保障。至今眷村的二大生活危機就是遇雨則漏、老舊電線走火易燃，形成公共衛生、公共安全問題。〔註75〕早於民國四十六年蔣介石總統訓示國防部研究「解決軍眷困難十年計畫」，籌建眷舍、輔導自治、就業與加強醫療等。近年來眷戶也了解反攻大陸非想像中容易，又隨著眷村第一代年老凋零、第二代漸融入本土，眷村已不如先前般具濃厚獨特的軍事象徵意義。由於以上種種原因，國防部終於在民國六十九年五月發佈《國軍老舊眷村重建試辦期間作業要點》，推動軍眷村改建工作。

（二）法令依據、適用對象與新舊制比較（新舊制詳細比較表，附錄二，頁102）

表四　國軍老舊眷村改建「舊制」與「新制」比較表

項目	舊　　　制	新　　　制
法令依據	國防部六十九年五月三十日（69）正歸字第 7499 號令頒《國軍老舊眷村重建試辦期間作業要點》	八十五年二月五日總統華總字第 8500027130 號令公佈《國軍老舊眷村改建條例》
適用對象	民國八十五年二月五日以前已完成改建之眷村，及已報奉行政院核定改建之眷村。	民國八十五年二月五日以前尚未奉行政院核定改建之老舊眷村、及列管散戶、一般職務官舍、整村整建的眷村等。
改建管道	一、與地方政府合建國民住宅。 二、委託軍眷住宅合作社自建眷宅。	一、由國防部自行規劃招標或以統包制度招商辦理改建。 二、委託地方政府代辦老舊眷村改建工程。 三、委託內政部營建署辦理營建工程管理。 四、獎勵民間參與投資興建住宅社區。

〔註75〕參閱柯茂榮，〈台灣省都市再發展──論軍眷村改建過程及展望〉，《工程》，1996 年 11 月，頁 16。

改建原則	一、合建國宅： 重建後新得住宅，軍、省方各1／2比例垂直整棟分配，軍方分回部份優先安置原眷戶，如有餘額則配售有眷無舍官兵或遷建小型眷村。省方分配部分配售一般人民國宅等候戶。 二、自建眷宅： 重建後新得住宅，除優先安置原眷戶外，餘宅配售有眷無舍之官兵或遷建小型眷村。	重建後住宅，優先安置原眷戶，餘宅遷建地區周邊之其他眷村之眷戶，或全額配售村內違佔眷戶，部份則提供中低收入戶承購，如有零星餘戶由主管機關處理。
新舊制優缺點	一、優點： （一）可多管道同時並行。 （二）合建國宅可提供國宅優惠貸款。 （三）可運用國宅基金，減輕自有基金週轉壓力。 （四）原址興建，符合眷戶意願。 二、缺點： （一）一村一村推動執行緩慢。 （二）非國有地或公共建設眷地，無地價款補助購宅，難以推動改建。 （三）地價款分村計價，高者無須負擔自備款，獲利甚豐；低者負擔沉重，配合改建意願低落，形成實質不公。 （四）法令依據爲行政命令，對不配合戶無強制力，影響作業時程。	一、優點： （一）全面改建：無論土地公告現值高低區位好壞，一律辦理改建。 （二）整體規劃：以縣市爲單位依條件、區位相近者，集中興建住宅。 （三）先建後拆：選擇少許眷地，空置營地先行興建，再予遷入。 （四）提升品質：由經建會遴聘國內知名建築師精心設計。 （五）減低成本：原眷戶自行負擔最高以房地總價之20%爲限，其不足部分由改建基金補助。 （六）縮短時程：各地同步興建。 （七）具強制力：執行依據爲完成立法程序且經總統公布之特別法，對不配合之眷戶具強制力。 二、缺點： （一）執行所需經費龐大，若調度不週或籌措不及將延遲進度。 （二）相關作業均由國防部籌組基金會執行，需擴充人員編成，且責任甚重。

* 引自郭冠麟編，《從竹籬笆到高樓大廈的故事——國軍眷村發展史》，頁 19～23。（參見附錄三、《國軍老舊眷村改建條例》，頁 105）

依六十九年《國軍老舊眷村重建試辦期間作業要點》，辦理合建國宅作業之流程，將老舊眷村改建作業概分爲前置作業、正式規劃作業、協議書簽訂及地上物拆遷騰空、工程施工及改建完成之配售作業。〔註76〕

　　1. 前置作業：由列管單位進行眷村清查，選出適合改建者，再透過自治會作改建宣導，一以問卷方式，二到眷村召開說明會，以蒐整眷戶改

〔註76〕柯茂榮，〈台灣省都市再發展——論軍眷村改建過程及展望〉，《工程》，1996年11月，頁22。

建意願。眷戶同意後，辦理初步規劃及財務概估，待完成法院認證後，再送國防部核定改建計畫。

2. 正式規劃作業：經行政院核定，將合建國宅眷村列入年度國宅興建計畫，正式進行規劃與建築設計。

3. 協議書簽訂及地上物拆遷騰空：軍、省雙方成立個案社區聯合執行小組推動改建，雙方簽訂協議書並申領取得建造執照，再將工程發包，眷戶進行搬遷騰空後，開始施工。最後作業階段是驗收國宅、房屋配售、眷戶進住。

民國六十九年依據《國軍老舊眷村重建試辦期間作業要點》推動改建工作時，遭遇地價計價、違占建處理、興建基地整體規劃及地形調整等諸多問題，延宕改建時程且無法大力推動，所以經檢討第一波改建成果後，八十五年立法院通過《眷改條例》，展開第二波的眷改作業。在法令方面，《眷村重建要點》屬國防部頒布之法規，與土地法、國產法等法令產生牴觸時無法解決，故政府、社會促使《眷改條例》立法通過。〔註77〕《眷改條例》主要內容可以說是和舊有的《國軍老舊眷村重建試辦期間作業要點》並無太大差別，主要還是以眷村土地地價款的百分之七十，作為眷村改建新國宅，原眷村住戶用以購置新國宅之補助款。

八十五年頒布的《眷改條例》與六十九年《國軍老舊眷村重建試辦期間作業要點》比較後之優點：《眷改條例》採先建後拆方式，國防部選擇少許眷地，通知眷戶搬空建地，等興建完成再予遷入；減低眷戶負擔。眷戶自行負擔額度最高以房地總價 20% 為限，不足金額由改建基金補助。《眷改條例》具法律強制力，完成立法而且經總統公布，對不配合的眷戶具強制力。《眷改條例》的缺點是：眷改執行所需經費龐大，若調度不週將延遲改建進度。〔註78〕

據國防部評估報告指出，《眷改條例》通過後，將無償釋出 362 公頃的公共設施用地，與 306 公頃的建地。眷村改建後平均每年增加地方政府房屋稅五億八千萬元，地價稅二億三千萬元。改建後蓋好的國宅預計將售予二萬五千戶的中低收入戶，改建盈餘將作為照顧低收入戶的居住資金。眷村改建同

〔註77〕柯茂榮，〈台灣省都市再發展──論軍眷村改建過程及展望〉，《工程》，1996年 11 月，頁 16。

〔註78〕引自國防部總政治作戰局網站，國軍新制老舊眷村改建執行現況，2006/2/20，http://gpwd.mnd.gov.tw/webs/plan-00.htm。

時可帶動國內建築業、營造業及鋼鐵等業界景氣活絡與復甦，增加就業機會，是對政府稅收、都市計畫和中低收入戶都有利的「三贏」法案。〔註79〕

　　反對者另有一說，指《眷改條例》法案的立法背景，主要是因為新黨崛起後，國民黨眷村鐵票嚴重流失，黨內認為是「眷村改建」的口號喊了多年，卻進度緩慢，使眷戶喪失信心。國民黨為挽回眷村票源，故將八十四年七月三十一日完成研擬《眷改條例》草案，在不到半年內，即強制動員通過。而民進黨所提質疑，就是國民黨動員通過《眷改條例》草案的考量因素不外乎為了選票。〔註80〕

　　眷改作法也有可議之處，鍾麗娜提出國民黨的眷村改建「三贏」政策——照顧榮民、都市更新及國宅的提供，不應導致住宅政策徒遭扭曲。〔註81〕台灣已有數十萬戶餘屋，但眷村改建使住宅政策方向往繼續創造空屋發展，這並非期待的「利多政策」。眷村改建在本質上應屬於專業公共政策中土地政策的一環，政府依舊將眷村改建問題，獨立於整體都市更新與住宅政策之外，使得眷村改建真正成為所謂少數眷戶的事情，而不是全民受益的大型都市更新計劃。就政府資源分配的角度，眷改極易被突顯成外省軍眷戶與全體國民之間的「族群政治」，此為民進黨曾強力動員反對此一法案之原因。民進黨也認為軍公教已經使用龐大的社會福利資源，不宜再以大筆國有土地資源使用在軍眷戶身上。〔註82〕不過對居住於老舊眷村的的軍眷們而言，眷村改建成國宅是既期待又擔憂之事，因老榮民、榮眷習慣眷村平房與眷戶熱絡情誼的生活，住在高樓大廈之國宅則顯得不便且疏離。

（三）民國六十九年、八十五年兩波改建成果

　　自六十年代開始的眷改政策，因當時國防部缺乏經費，而省市國宅興建機關缺地的情況下，國防部和省市政府國宅主管機關合作，開啟眷村一律改建為鋼筋水泥之國宅的慣例。此舉將國軍老舊眷村改建配合都市更新規劃，

〔註79〕鍾麗娜，〈關懷國土資源——探究國軍老舊眷村改建條例闖關的大震撼（上）〉，《人與地》，1996 年 4 月，頁 32。

〔註80〕鍾麗娜，〈關懷國土資源——探究國軍老舊眷村改建條例闖關的大震撼（上）〉，《人與地》，頁 33。

〔註81〕鍾麗娜，〈關懷國土資源——探究國軍老舊眷村改建條例闖關的大震撼（下）〉，《人與地》，1996 年 6 月，頁 55。

〔註82〕林本炫（國策中心研究員），〈時事評析——《眷村改建條例草案》立法平議〉，《國策期刊》，1995 年 12 月，第 124 期，頁 50。

興建住宅安置原眷戶及照顧中低收入戶，但也造成日後眷村文化消隕的缺憾。自民國六十九～八十五年辦理第一波老舊眷村改建期間，舊制實施在八十五年二月五日以前經行政院核定改建 78 處眷村（1 萬餘戶），已完成改（遷）建 74 處，尚餘 4 處（施工中 1 處、規劃中 2 處、購置成屋 1 處），已於九十五至九十六年完工安置。〔註83〕

　　民國八十五年施行之新制《眷改條例》以縣市為單位整體規劃，並以興建住宅基地或遷建國眷宅基地之方式執行，計畫興建住宅社區 54 處、遷購國宅 34 處，總計安置 71,067 戶。新竹市眷村博物館記載，至九十二年未改建列管者，有 537 個眷村，分佈於全台 23 縣市，其中北部 7 縣市未改建的 224 個；中部五縣市裡未改建有 105 個；南部八縣市未改建共 182 個；花、東、澎湖未改建共 26 眷村。

　　《眷改條例》原定十年內完成全台老舊眷村的改建工作，後因改建工程複雜、龐大而再延 3 年至九十八年，預計九十八年後未改建眷村聽其自行處理，政府不再介入與補助。而至九十四年十二月已完工安置 45 處，39,499 戶，執行率為 55.57%；餘 46 處基地，其中 8 處基地 5,785 戶，將於九十四年底至九十五年三月完成交屋，執行率可達 63.71%，另 32 處基地分別辦理施工興建及規劃中，全案管制於九十八年全數完工安置，達成改建目標。〔註84〕

　　台南縣境內原有十三處眷村，目前永康的影劇三村等眷區已經改建，僅剩仁德二空新村、永康市飛燕新村及新化鎮大同新村三處仍保留。台南縣文化局為保存台南的眷村文化，特別在九十四年邀請國小老師楊昇展製作了「眷村誌」，希望能為見證台灣發展及時代演進、以及即將消失的眷村做歷史紀錄。〔註85〕台南縣眷改工程已發包的有民國九十二年的陸軍精忠二村（永康市中興段）、影劇三村（永康市網寮段）等。二空新村原預計九十五年十月發包，但一直延宕至九十六年三月決標，發包給台南市猛輝營造公司。台南市比台南縣更積極保留在地文化，特於民國九十四年預留水交社眷舍成立「眷村文化園區」，保存南部眷村的歷史。

〔註83〕郭冠麟編，《從竹籬笆到高樓大廈的故事——國軍眷村發展史》（台北：國防部史政編譯室，2005 年），頁 289。

〔註84〕郭冠麟編，《從竹籬笆到高樓大廈的故事——國軍眷村發展史》（台北：國防部史政編譯室，2005 年），頁 289。

〔註85〕楊長鎮、莊豐嘉主編，《認識台灣眷村》（台北：民主進步黨族群事務部，2006 年），頁 135。

　　全省已完成改建的國宅建案其實也有好有壞。有些能顧及眷戶需求興建公園廣場等大量公設並採用綠建築。但也有承包商偷工減料的案例。舉民國九十五年兩地眷戶抗議情形為例，說明這種情形。

1. 清水鎮公所前一處眷村改建國宅，原本一坪約要六萬元。在住戶抽籤之前，卻因為工程追加款，上漲為每坪十一萬，原眷村的住戶不滿，聚集現場拉白布條抗議。國防部官員表示，由於計價認知的不同，要舉行說明會與住戶溝通。〔註86〕

2. 新竹市眷村一村，在改建後問題重重，比如：頂樓都是漏水後的痕跡，不鏽鋼欄杆生鏽，牆上的磁磚輕輕一剝就脫落，屋內的屋樑建商還用報紙及廢沙充填，民眾也屢屢向國防部抗議。〔註87〕

　　總而言之，全台 886 座眷村之中，以陸、空軍眷村佔多數，多分佈於北部、南部地區。自六十九年起政府展開第一波老舊眷村改建，八十五年檢討後頒布《眷改條例》，持續第二波改建工程，至九十二年尚有 500 多個眷村未改建。近幾年來，政府以老舊眷村合建國宅形式，把眷戶集體遷入高樓大廈中。然而，生活空間的改變，必然會對原有的眷村文化造成相當大的衝擊。〔註88〕

〔註86〕 張文祿，〈眷改國宅坪價 6 萬漲到 11 萬眷戶抗議國防部騙人〉，2006/3/31，中廣新聞網 http://news.sina.com/bcc/301-102-101-102/2006-03-31/0136777635.html。

〔註87〕 顏章聖，〈國宅太恐怖　住戶脫衣抗議　廢土報紙塞大樑　不鏽鋼柱生鏽〉，2006/07/18，台視全球資訊網 http://www.ttv.com.tw/news/html/095/07/0950718/09507184343501L.htm。

〔註88〕 指導老師張四德教授撰述，2007 年。

第三章 個案研究——台南縣仁和村的眷村文化與認同

　　數十年來，眷村培育出豐富、多樣的各省雜匯、融合成當地的獨特文化；外界也常以特殊的眼光視之。然而眷村的興起、衰落，正足以見證這一特有的族群文化之形成與凋落。仁和村正是一個典型的例子。

第一節 仁和村的起源與歷史演變

一、仁和村的位置（見圖四、仁和村位置圖，頁 38）

　　仁和村座落於二空新村內，屬空軍供應司令部督導。二空位於台南縣仁德鄉內南端（今台南市仁德區仁和里），在南二高縱貫公路及鐵道東側，北側緊鄰台南市；東側近崇德路；西側以台一線省道爲主要聯外道路，近台南機場。仁和村也可透過大同路，北通台南市，南到高雄。村內主要動線是一條 15 米寬的龍寶路轉自強路和保華路。昔日附近還有仁德糖廠的小鐵路通過。

　　二空新村的設置與機場有地緣關係，機場補給總庫附近原先臨搭第一新村，後來擇地另建二空新村，居民多服務於空軍聯隊。公共交通原仰賴台南客運五路車，但已停駛多年。近年縣府開闢 86 號快速道路，接通南二高，聯外交通便利許多。仁和村主要居民是派駐台南機場的空軍聯隊。早在民國三十九年仁和村即由這群官兵克難自建而成，而後逐漸擴展，眷村公共設施也先後興建。

圖四　台南縣仁德鄉仁和村位置圖

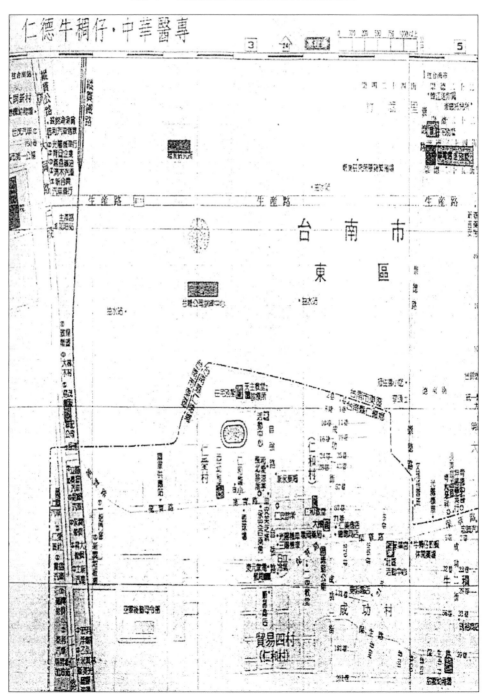

馬路灣主編，《大嘉南都會百科全圖》（台北市：戶外生活圖書，1999年），頁64。

二、仁和村的興建與改變

　　根據軍事史關於台南空軍基地之記載，三十八年八月十六日空軍原屬南京第四供應處官兵、眷屬和重要的軍用物資從福州撤到台南空軍基地。〔註1〕獲分配二空新村眷舍之官兵多任職空軍後勤司令部補給總庫、台南空軍基地內駐防之二供應處的一聯隊（現 443 聯隊）等單位。二空新村最早為官兵克難親手自建。而現今仁和村第一代居民，隨軍隊來台並曾經各地調派，至三十九年左右入住仁和村。

　　如二空居民口述資料顯示，徐婆婆民國三十六年坐船來台先到高雄十四碼頭住庫房，後來調到台南租房子住，再搬到糖廠住帳蓬約一年。直到三十九年二空蓋好才搬到仁和村；〔註2〕海婆婆民國三十七年底從海南島坐飛機到台南中山堂，住過屏東林邊、台南防空洞，三十九年住糖廠附近帳蓬，後來住進仁和村。〔註3〕李婆婆全家從上海坐貨船到高雄住了幾個月，後來到台南青年路住，又搬到二供應處蓋的鐵皮屋，四十年二空有人調職岡山才搬過來。〔註4〕

　　從二空新村的眷村名稱與行政區變革顯示：仁和眷村的背景乃含有深厚的軍事色彩；因位於基地附近，眷村內設有碉堡與砲陣地，後來砲陣地改建籃球場，碉堡也封閉多年。不過經地方爭取現已設為暫定古蹟。（附錄五、圖11，頁 117）民國三十九年十二月一日設「二空眷區」，行政區隸屬仁德鄉牛稠村第六鄰，其行政由鄰長負責。四十一年一月改稱「二空軍眷區」，設區長管理行政。四十六年一月改制為「二空軍眷新村」，下設村長。四十七年牛稠村改名成功村，二空屬成功村第六鄰。五十二年脫離成功村，獨立為「二空新村」，下含仁和村 26 鄰、仁愛村 25 鄰。五十九年因眷戶人數增加，仁愛村從二空內分出為南華三村。二空新村內公共機關有自治會、和愛社區發展協會、仁和國小、聯勤四一診所等。二空於民國五十一年成立之自治會更是軍方掌控眷村的重要行政組織，自治會本身設有委員會 8 人、會長 1 人、副會

〔註1〕陳錦昌，《蔣中正遷台記》（台北：向陽文化出版，2004 年），頁 64。
〔註2〕仁和眷村訪談資料，徐蔣秀禎婆婆訪談內容，2005/2/28，10：10～12：00 分，頁 14。
〔註3〕仁和眷村訪談資料，陳秀英婆婆訪談內容，2005/2/20，10：15～11：55 分，頁 12。
〔註4〕仁和眷村訪談資料，李鳳蘭婆婆訪談內容，2005/2/11，14：30～15：40 分，頁 4。

長 2 人、幹事 5 人，以執行上級命令、整頓環境衛生、強化村內安全爲主要工作。因二空新村所轄眷區廣大複雜，本研究只選擇歷史最久、多第一代來自中國大陸的移民、又是自治會所在的仁和村爲個案。下述從其外在建設與內在文化，來深入了解此一眷村文化的發展與轉化。

（一）官兵自建的本村眷舍建築、型別及使用情形

仁和村是二空 900 餘眷戶中最早興建、歷史最悠久的一批。眷舍分佈於自治會左側及前方左、右兩區域。民國三十九至四十四年當地官兵自建眷舍時期，而仁和村也此時搭蓋而成。三十九年春，空軍所屬供應司令部、第七供應大隊（一聯隊）、第二後勤支援處、防空司令部、警衛司令部等單位，聯合在仁德鄉牛稠村二空自建 76 戶，同年秋再建克難式磚造眷舍 150 戶。四十年以竹造紅瓦興建 100 戶。民國四十至四十四年，空軍分四批自建眷舍 79 戶。民國四十八年將四十年所建竹造眷舍 100 戶拆除，就地重建。民國四十七年～五十三年是婦聯會捐建階段，蔣宋美齡曾巡視全台眷村，也曾到過二空新村，指示婦聯會捐建眷舍，改善軍民生活。所以民國四十七年婦聯會捐建 50 戶，翌年捐建 350 戶（345 戶貿易四村），五十二年捐建 100 戶，翌年再捐建 50 戶，前後總共捐建 550 戶。〔註 5〕二空眷舍整體興建至五十三年完成，是台南縣戶數最多、規模最大的空軍眷村，至民國八十二年二空有居住證者 922 戶，另有官兵自建（違建）167 戶。

二空眷戶們最早把仁和村稱爲東村，仁愛村則稱爲西村，最後是由婦聯會捐建的貿易四村。興建順序先是東村，而後是西村，最後才是貿易四村。二空整體由東而西、由北向南發展，從民國三十九年至五十三年建造，形成 920 戶的龐大眷村。遷台初期二空附近都是沙地，還有天然池塘。後來沙地推平建屋、池塘乾枯整成田地，就變成了二空新村今貌。二空外部有一大片田地與灌溉排水溝圍繞，附近田地乃屬台糖所有，早期種了很多甘蔗、花生、地瓜或玉米。現在多是休耕地，間或種植波斯菊、向日葵等休耕欣賞用植物，花花綠綠爲沉寂許久的農地帶來一絲生氣。

眷村建築通常有完整的機能。眷村通常都有一個大門，以標示定位。而二空新村內的分區也似都市規模一般，由主要道路來區隔，並在全村的邊緣有極清晰的界限，也許是一道圍牆或比較寬敞的馬路。除了分區之外，土地

〔註 5〕陳奮雄纂，宋義祥、鍾和邦主修，《仁德鄉志》（台南：仁德鄉公所，1994 年），頁 53。

使用也朝向社區化發展，機能完整。大門附近通常有商家。進入二空住宅區，一條條長型連棟建築構成最主要的眷舍。〔註6〕以仁和村情形來說，雖無明顯大門，但在主要道路保華路上有明顯標示「仁和村」界牌。自治會前蔣公銅像之廣場或可視為大門（見附錄五、圖12，頁117），自治會前道路兩旁是主要的商街所在。

而眷舍大小分配以當時眷屬人口為標準，有甲乙丙三級（甲級15坪，乙級11.25坪，丙級7.5坪）。二代4人以下者分配丙級，二代5至6人分得乙級，三代6人以上者分配甲級。民國八十年代，二空922戶中，共有甲級77戶，乙級124戶，丙級721戶。〔註7〕不過因眷村房屋歷年增建，形成窄巷而原有眷舍空間也不敷使用，年輕人為求學、成家而往市內或鄰近地區發展，造成人口外流現象。

民國三十九年興建二空新村時，採克難方式，以竹條、沙子、黏土等簡易材料搭蓋，常會發生漏雨，屋頂還曾在颱風天被吹走。後來政府出錢將眷舍屋頂全換成瓦片。仁和村房子則由軍人自建紅瓦房子，以竹條、沙子、草藤和泥巴等簡易克難材料所砌建搭蓋而成。眷舍的建制曾被稱為一條龍，是前後大小寬度相同的平房，（附錄五、圖13，頁117）打開木門直走進去是客廳，後面是一間睡房，到現在仍有眷戶習慣睡在木板床上。再過去是後院。為了改善房間採光問題，有些住戶會在屋頂開扇天窗。早期眷舍沒有廚房與獨立廁所，只在後院擺放爐灶煮飯；每兩家共用一公廁，設在兩家房屋之間後院相連處；後院取水用的打水機，是每戶生活不可或缺的重要設施。眷村改建前，仁和村內巷道仍保留了兩座打水機，有老榮民仍用來洗菜、洗衣。（附錄五、圖14，頁117）早期的公廁不是抽水馬桶，而是用木板搭起，中間留一坑洞的簡便廁所。二空因空間不足，各戶小孩又多，眷舍內都會隔出一間小閣樓，供小孩睡覺或堆放雜物；過年時也常在此掛起臘肉、香腸，使閣樓瀰漫一股獨特的肉香味。（附錄五、圖15，頁117）原本二空眷舍中間有一條從巷頭貫穿到巷尾最後一間的小走道，日後大部分住戶自行封牆，使各家獨立成一戶，但仍有小部分住戶保留此一通道。早期眷戶常在院中種菜、養雞鴨。但雞鴨常被偷竊，且後來生活環境改善，附近房子愈蓋愈多，空地減少也就

〔註6〕參閱丁瑋，〈眷村與眷村文化〉，《歷史文物》，1996年8月，頁72。
〔註7〕陳奮雄纂，宋義祥、鍾和邦主修，《仁德鄉志》（台南：仁德鄉公所，1994年），頁54。

無法種菜、養雞。日後二空眷戶生活安定、經濟改善時，就開始改用較堅固的水泥構築整建房屋，也把原本屋後相連的大片院子各家隔開，各自向後院擴建發展，供孩子居住。

目前筆者找到的眷舍整修資料顯示，仁和村早期有 181 戶老舊眷舍，均是四十四年建造及四十六年整修一批。五十六年通報軍方整修過的有 83 戶。〔註8〕現在的眷村房屋有些二層樓建築，是住戶們自己加蓋的。因當時眷舍屬克難興建，建材欠佳，現今大都腐蝕破爛等待改建。即使有些眷戶後來已自行整修爲水泥建築、加裝抽水馬桶或加蓋部分空間。但第一期建造的眷舍屋齡都已有 50 年以上，不僅屋內木柱多被蟲蛀，又有老鼠洞、牆壁脫落、空間不足等問題，所以住戶希望盡快改建。不過目前眷村寧靜、遠離塵囂的舒適居住環境和熟悉方便的生活空間，則是居民希望能保留的眷村優點。

（二）眷村整體環境隨台灣社會而演變

眷村五十年來的發展，與台灣經濟、社會概況可謂息息相關，特別是從整體環境與休閒功能的變化來看，仁和村的公共環境改善與休閒設施的增建，能清楚顯示出眷村的發展是繁盛抑或沉寂，以及眷村生活機能的演變情形。

1.四、五十年代的眷村基本環境的改善

由於早期眷村生活困窘，仁和村在四、五十年代僅能改善基本的公共建設，如建公廁、用水改善、道路開發等。早期仁和村環境附近都是雜草、泥巴路，兩邊有大水溝，空地多長雜草，〔註9〕不過水溝倒是乾淨，還可在水裡游泳、洗軍毯。後來居民一多水就髒了。最初村內用水仰賴水井與二個打水機，打起來的水鹼份很重，飲用地下水品質不良。經台南縣政府、仁德鄉公所及婦聯會援助，全村於民國六十年普裝自來水，總工程費計 302 萬元。〔註10〕仁和村早期都是石子路，對外缺乏交通工具，四十年代開始有交通車，可用電話請空軍車輛股找大卡車載送；五十幾年開始生活改善，六十年才開始柏油路鋪設。〔註11〕二空受到婦聯總會及地方政府支援，計仁和、仁

〔註 8〕二空自治會，〈空軍台南縣二空新村自治會簡報〉，1973 年 6 月，頁 3。
〔註 9〕仁和眷村訪談資料，王遠華婆婆訪談內容，2005/2/11，13：00～14：20 分，頁 3。
〔註 10〕二空自治會，〈空軍台南縣二空新村自治會簡報〉，1973 年 6 月，頁 4。
〔註 11〕仁和眷村訪談資料，康淑英婆婆訪談內容，2005/2/12，8：30～9：50 分，頁 6。

愛兩社區建設總工程費達 130 萬元。民國六十年第一期工程如馬路拓寬、大排溝、社區活動中心等興建。第二期工程如公廁、巷道，也在當時由仁德鄉公所發包完工。〔註12〕

2. 六十年代副業興起的眷村

到六十年代，政府政策轉變，推動出口導向的工業成長。自民國五十五年到五十七年設立三個加工出口區（高雄前鎮、台中潭子、高雄楠梓），吸引跨國企業將勞力密集產業移至台灣。政府鼓吹「客廳即工廠」，生產行為走入家庭，到了六十一年台灣出口的工業產品已超過八成。當時的加工出口品，涵括從聖誕燈泡、家具、小計算機、小五金、遊艇到紡織，生產範圍十分廣泛。〔註13〕而眷村婦女也響應家庭手工政策，作聖誕燈泡、織毛衣等，對台灣的製造業經濟有所貢獻。

六十年代台灣社會上流行〈孤女的願望〉這首台語歌，講一個農村女孩到工廠作女工的心路歷程。當時社會各地人潮開始朝向工廠集中的地方移動，〔註14〕正是台灣從農業轉型為工業社會的過渡階段。台視在民國五十一年開播，一台黑白電視機售價約台幣五千元上下，剛開始買得起的人很少，工業社會特性就是連娛樂都是在同時間看同樣的節目，社會上也開始呈現出貧富差距。〔註15〕

對六十年代的眷村而言，電視是一個象徵地位、財富的奢侈品，家裡有錢才買得起電視機。眷村此時也興建菜市場、活動中心等，開始重視公共生活與休閒機能。早年二空的眷村媽媽們買菜不容易，需等人挑菜來賣，或去機場附近的市場。眷村內興建菜市場之後，媽媽們買菜頓時方便多了。〔註16〕（附錄圖16、17，頁118）日後二空的公共環境，又進行一系列的改善如鋪柏油路、設水銀路燈。由於二空眷戶培養良好生活習慣，同時社區建設改善面貌一新，國防部於六十一年十一月間，蒞臨仁和村視察，核定為最優眷村，獲南部地區海軍陸戰隊司令部頒發獎牌一面。〔註17〕

〔註12〕二空自治會，〈空軍台南縣二空新村自治會簡報〉，1973年6月，頁4。
〔註13〕莊永明總策劃，《台灣世紀回味：時代光影 1895～2000》（台北市：遠流出版，2000年），頁78。
〔註14〕溫世仁，《台灣經濟的苦難與成長》（台北：大塊文化，1997年），頁31。
〔註15〕參閱溫世仁，《台灣經濟的苦難與成長》（台北：大塊文化，1997年），頁31。
〔註16〕仁和眷村訪談資料，徐蔣秀禎訪談內容，2005/2/28，10：10～12：00分，頁14。
〔註17〕二空自治會，〈空軍台南縣二空新村自治會簡報〉，1973年6月，頁5。

3.七十年代繁榮發展的眷村

七十年代，是台灣風雨飄搖的時代。民國六十年台灣退出聯合國；六十一年與日本斷交；六十二年發生第一次石油危機；六十三年推動十大建設；六十四年總統蔣介石（1887～1995）去世，同年蔣經國繼任；六十八年發生「美麗島事件」，〔註18〕同年台灣與美國斷交。〔註19〕蔣經國自民國六十一年出任行政院長前後，就積極培植本土精英，如內政部長林洋港、高雄市長許水德、桃園縣長吳伯雄等。〔註20〕

台灣的經濟也走向新局面。民國六十二年工業研究院成立，展開移轉半導體技術的計畫。六十八年設立「新竹科學工業園區」，六十九年、七十六年成立聯華電子與台灣積體電路公司。電子半導體產業前景看好，台積電的成功，更帶動九十年代台灣晶圓代工產業迅速發展。〔註 21〕另一方面，由於經濟成長、外匯持續增加，還有股市長紅的利多，社會上流行諺語「台灣錢淹腳目」，吹起社會大眾賭股票、簽大家樂的賭博歪風。〔註22〕

總的來說，七十年代發展至後期，台灣的企業體質越來越好，政治上雖維持強勢專制但已逐漸重視本土化政策。眷村在七十年代，由於生活穩定、又有眷村媽媽們作副業貼補家用，經濟逐漸好轉。手藝好的眷村居民，也利用空餘時間到街上擺攤子賣包子、饅頭、大餅、香腸、冰棒等作小吃生意。政府爲表達對榮民們的敬意，以及發揚軍人盡忠報國的精神，特以蔣公誕辰紀念十月三十一日爲榮民節，並於六十八年舉辦蔣公誕辰紀念暨第一屆榮民節慶祝大會。往後每年榮民節均與蔣公誕辰合辦慶祝大會。民國六十九年由於眷村房舍老舊腐蝕，政府公佈《國軍老舊眷村重建試辦期間作業要點》，開

〔註18〕 「美麗島」是一雜誌名稱，是一群黨外人士（非國民黨）創辦的雜誌，主要報導政治灰暗面、抨擊政府不當政策，並以解除黨禁、報禁，爭取集會、言論自由、國會全面改選爲主要訴求。六十八年十二月十日爆發「美麗島事件」，美麗島雜誌的核心人物施明德、黃信介、林義雄、呂秀蓮、陳菊等人，因國際人權日在高雄領導台民火炬遊行，與警察發生流血衝突而被逮捕。上述人士被捕後均被判重罪，或被送往綠島坐牢多年，民國七十六年才遭釋放。參閱游啓亨，《台灣現代史通覽》（台南：人光出版，2001 年），頁 105。

〔註19〕 溫世仁，《台灣經濟的苦難與成長》（台北：大塊文化，1997 年），頁 50。

〔註20〕 游啓亨，《台灣現代史通覽》（台南：人光出版，2001 年），頁 101。

〔註21〕 莊永明總策劃，《台灣世紀回味：時代光影 1895～2000》（台北市：遠流出版，2000 年），頁 79。

〔註22〕 黃景自，《總統先生們與他們的年代：戰後台灣史》（高雄：春田出版，2003 年），頁 135。

始試行把眷村改建成國宅。

4. 八十年代迎向開放的老舊眷村

八十年代，第七任總統蔣經國致力推動各項民主憲政措施，民國七十六年美麗島人士被釋放，同年七月十五日解除戒嚴令，隔年一月廢除報禁、黨禁；〔註23〕民國七十五年九月二十八日民主進步黨成立，七十八年登記為合法政黨。七十六年十一月開放大陸探親，兩岸恢復交流。七十七年一月蔣經國（1898～1988）總統逝世，由副總統李登輝繼任。〔註24〕七十九年四月李登輝總統簽署「終止動員戡亂時期」文件，同時推動兩岸新關係創設國統會、陸委會和海基會。〔註25〕七十九年六月股市崩盤，政府為提振經濟推行「六年國建」政策，希望藉增加政府支出，帶動國內投資環境的改善。〔註26〕八十二年四月二十六日，「海峽交流基金會」董事長辜振甫（1917～2005）在新加坡與中國「海峽兩岸關係協會」會長汪道涵（1915～2005）舉行歷史性「辜汪會談」，是兩岸自國共內戰後首次官方授權的交流會議。會後簽署協議應加強兩岸經濟交流、能源資源開發、文教科技交流等。〔註27〕

在七十五年之後，台灣經濟進入全面轉型期，自由化與全球化並行，勞力密集出口產業全面衰退，先出走至東南亞，在八十一年後主要移往中國大陸，電子與資訊業成為台灣產業的主體。〔註28〕由於台灣經濟成長迅速，都市繁榮，吸引眷村年輕一代外出工作，反觀眷村空間有限，生活環境不易改變，民國七十年後眷村人口外流、老化趨勢明顯。七十六年政府解嚴開放兩岸交流，軍眷們紛紛回到大陸故鄉探親，此行是兩岸人民自內戰後的第一次面對面接觸，對被迫離鄉的老兵們別具深刻意義。

5. 九十年代等待改建的眷村

民國九十年代是知識爆炸、媒體氾濫的年代，政治和經濟也歷經動盪。有線電視第四台開播，每天可看幾十個電視頻道；網路新科技發明，更顛覆

〔註23〕游啓亨，《台灣現代史通覽》（台南：人光出版，2001年），頁113。
〔註24〕游啓亨，《台灣現代史通覽》（台南：人光出版，2001年），頁114。
〔註25〕黃景自，《總統先生們與他們的年代》（高雄：春田出版，2003年），頁203。
〔註26〕黃景自，《總統先生們與他們的年代》（高雄：春田出版，2003年），頁196。
〔註27〕參閱游啓亨，《台灣現代史通覽》（台南：人光出版，2001年），頁135。
〔註28〕莊永明總策劃，《台灣世紀回味：時代光影1895～2000》（台北市：遠流出版，2000年），頁79。

資訊取得的方式。〔註29〕八十五年台灣首度舉行總統民選，李登輝當選第九任總統，連戰爲副總統。八十六年七月受到亞洲金融風暴影響，經濟受到嚴重衝擊，台幣貶值、股市下跌、失業率創下民國七十四年後的高峰，不過台灣多中小企業，外債較少，銀行較保守，經濟恢復較快。〔註30〕李登輝總統於民國八十八年發表「兩國論」，八十九年二月中共國家主席江澤民發表「一個中國的原則與台灣問題」白皮書，台海再度呈現緊張局勢。八十九年三月民進黨候選人陳水扁，當選第十任總統，呂秀蓮當選副總統，結束五十年來的國民黨統治時期。〔註31〕

　　八十五年政府立法通過《國軍老舊眷村改建條例》，欲將全台大多數老舊眷村改建爲新國宅。對眷村居民而言，一則以喜一則以憂，喜的是老舊眷舍即將改建成新房子，憂的是一旦改建爲高樓大廈，生活環境丕變，眷村文化恐將失落。眷村在九十年代已跟不上社會潮流發展，村裡人口外流只剩下老人、小孩，眷村老居民也逐漸消逝，所以近年來眷村轉而重視老人照護功能。而仁和村在民國八十年後又興建社區活動中心（卡拉 ok）、水溝加蓋、籃球場、溜冰場（原來砲陣地改建）、重建菜市場等，〔註32〕使軍眷們生活更便利。近年仁和村人口老化趨勢明顯，關懷中心開始重視老人照護，設置血壓站與按摩、運動器材供居民使用。（見附錄圖 18，頁 118）

　　由上述本村硬體的公共設施增建情形可大略看出，眷村的公共建設與社經生活的演變息息相關。四、五十年代早期，眷村才剛建成入住，週遭環境尚未完備，故從公廁、用水、道路等基礎必需建設著手。六十～八十年代，本村眷舍興建完成，軍眷生活也漸適應穩定，經濟走向繁榮使民生需求轉向消費、飲食、休閒層面，所以開始興建菜市場、活動中心、籃球場等。而八十年代過後，本村人口成長飽和，眷村第二代至外地工作、發展，人口逐漸外流、老化問題浮現。老人關懷、照護等成爲關注的事務。幾十年來，村內公共設施一波波興建、改善，顧及老中青各階層的需求終致完備。

〔註29〕參閱溫世仁，《台灣經濟的苦難與成長》（台北：大塊文化，1997 年），頁 76、80。

〔註30〕參閱黃景自，《總統先生們與他們的年代》（高雄：春田出版，2003 年），頁 197、198。

〔註31〕參閱游啓亨，《台灣現代史通覽》（台南：人光出版，2001 年），頁 146、151。

〔註32〕仁和眷村訪談資料，張華春會長訪談內容，2005/2/11，10：00～11：15 分，頁 1。

第二節　仁和村社會經濟文教機制的產生與改變

數十年來，眷村內部的社會環境也產生了變化。筆者擬從眷村人口變化趨勢、公共組織與社團的成立、主要街道上的商業、小吃店等歷史，來看仁和村內部發展從繁盛至沒落的過程。

一、村內人口變化趨勢，以民國七十年爲關鍵

圖五　五十二～一百零二年仁和村人口變化趨勢圖〔註33〕（單位：年／人）

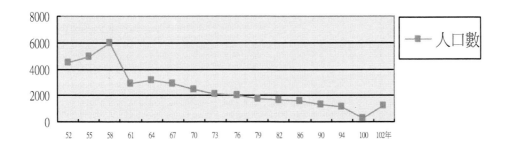

從民國四十七到五十二年二空新村原屬成功村第六鄰。自五十二年後，因人口數眾多而脫離成功村獨立出來，共含仁和村 26 鄰，仁愛村 25 鄰，總計有 921 戶，共 4,445 人。在民國四、五十年代，眷村發展繁盛，人口逐年成長。二空的人口成長因素與眷村第一代生長背景有關。他們多出自中國大家庭之中，秉持多子多孫多福氣的傳統觀念，加之受到增產報國的宣傳口號影響，造成村裡動輒五口以上，甚至有達十口的多產之家。眷戶普遍孩子多，也造成眷村子弟較早獨立、勇於出外賺錢養家的習性。民國五十九年因眷戶人數增加，又獨立分出仁愛村。所以仁和村人口剩 631 戶，從 5,985 減爲 2,896 人。五十九年後，仁和村的戶數每年增加，但人口漸減，此情形與子女成年到外地工作或結婚移出有關。人口趨勢圖中，僅六十一～六十八年間人口數量呈區間起伏，尤其在七十年總人口開始逐年遞減，仁和村也由盛轉衰，漸趨沒落。七十年仁和村爲 723 戶，2,500 人，七十六年後維持約 1,000 人左右。九十六至一百零一年改建期間，村子人口遷出減至 260 人。至一百零二年改

〔註33〕陳奮雄纂，宋義祥、鍾和邦主修，《仁德鄉志》（台南：仁德鄉公所，1994年），頁 430、431。台南市仁德區戶政事務所網站 http://www.tainan.gov.tw/rende/page.asp?nsub=C0A100，2014 年。

建完成，仁和村人口回流爲 1,209 人。

在仁和村人口外流的時期，統計自民國六十七年起至八十一年止，遷入仁和村的人口總共爲 2,365 人，來自外國有 26 人（神父、修女牧師與早年移民又搬回之眷村居民），來自台北市有 150 人，來自高雄有 86 人，來自他縣市有 1,794 人。來自本縣他鄉鎮者 295 人，來自金馬者 4 人。而自仁和村遷出人口總共 3,525 人，主要遷往台北市與其他縣市，合計本村共減少 1,160 人。〔註34〕

從上列統計圖得知，仁和村因人口繁盛，在五十二年自成功村分出，五十九年又分出仁愛村，人口最多數近 6,000 人，是仁和村發展的鼎盛時期。民國七十年後人口開始嚴重外流，原因在於軍眷村房舍太小，第二代多往外尋求發展。村內的一般丙級房舍佔地只 12 坪、建地 7.5 坪，空間不足使孩子成家後，只好在隔壁成功村或台南市購屋居住，原眷舍只留老父母兩口。民國六十九年正是第二代中壯年時期，印證因眷舍空間不足，導致第二代去外地成家購屋的現象。將來眷村改建後，人口可望回流一些。〔註35〕而眷村人口增減與當時社會環境、眷村發展互爲影響的情況，從下段公共組織、商業經濟、休閒等演變史中也清楚呈現出來。

二、眷村內部組織的演變

仁和村的人口增加，使內部社會機能開始運作，尤其是公共組織的建立，如自治會、社區發展協會、仁和國小、軍眷診療所等，都展現眷村受官方管制，與外界隔絕的特殊地位。筆者將從探討公共組織的發展，來看眷村社會環境的特色。

（一）行政組織：自治會與社區發展協會（見附錄五、圖 18、19，頁 118）

眷村在行政管理上採雙重制，不僅由軍方列管，設「自治會」，有會長、副會長一人，委員若干人，爲眷村內主要行政單位；另也歸屬地方政府，設里長、鄉長爲民服務。自治會負責政令宣導、房舍維修、舉辦活動。在民國四十、五十年代，眷村自治會是一有效行政單位。但民國六十年代，地方自

〔註34〕陳奮雄纂，宋義祥、鍾和邦主修，《仁德鄉志》（台南：仁德鄉公所，1994 年），頁 485。

〔註35〕參閱陳奮雄纂，宋義祥、鍾和邦主修，《仁德鄉志》（台南：仁德鄉公所，1994 年），頁 429。

治權力加強後，僅剩眷村改建與選舉動員事務為主。〔註 36〕二空自治會下轄仁和、仁愛村，第一、二任會長是李民華（五十一年～五十三年），第三、四任會長蔣熙春（五十三～五十五年），第五任會長張恒贊（五十五～五十七年），第六、七任會長陳如鵬（五十七～六十一年），第八任至今為張華春會長（六十一～九十六年），〔註37〕尤其張會長已連續當選二十餘任，熱心為二空新村的居民服務。

　　二空除受自治會管轄外，也依照台南縣政府體系，設置里民大會，有里長、鄰長。民國八十一年，里民大會改稱為「社區發展協會」，協會宗旨在促進社區發展，增進居民福祉，建設團結互助之社會。〔註 38〕仁和村設有「和愛社區發展協會」，採會員制，每年召開一次大會，內設理、監事，由會員選舉產生，成立理監事會推展社區事務，幾乎每眷戶有一代表自願為會員。發展協會每年皆舉辦聯誼活動，如九十四年春節贈送會員每人一塊年糕；同年元宵節舉辦會員團拜聯誼茶會備有摸彩活動。

（二）教育機構：台南空軍子弟小學與仁和國小（見附錄五、圖 20，頁 118）

　　仁和村的第一代眷村居民，普遍所受教育不高，年長的婆婆們多不識字，這可能與她們小時候在大陸的生長背景有關。遷台之前，中國因戰亂不斷，教育不普，軍眷根本沒機會讀書。也因第一代所受教育不高，興起他們苦心栽培第二代唸書的動機。受過較高教育者如張華春會長，在大陸曾經讀過私塾，在台灣又至軍事機關內附設之教育補習班唸書，才有如今信手寫來一篇篇順口溜的好文筆，與一手舞文弄墨的好功夫。來台初期眷村教會還舉辦過國語識字班等，教育當地軍人婦女。

　　政府也特別為眷村子弟設立小學，且給予教育補助優惠，如免學費、上下學由軍車接送等等。但眷村女孩在遷台初期仍受「男主外、女主內」的性別不平等觀念影響，小學畢業後通常去唸健康路的家事職業學校，之後就去

〔註36〕轉引自喻麗華，〈綜論台灣移民社會中「眷村」聚落之探討〉，2001 年 12 月，頁 131。收入《2002 高雄研究學報：（2001）高雄研究研討會論文集》（高雄：春暉出版，2002 年）。原文見尚道明，《眷村居民的生命歷程與國家認同——樂群新村的個案研究》，頁 40。

〔註37〕陳奮雄纂，宋義祥、鍾和邦主修，《仁德鄉志》（台南：仁德鄉公所，1994 年），頁 56～58。

〔註38〕參閱喻麗華，〈綜論台灣移民社會中「眷村」聚落之探討〉，頁 130～131。

找工作賺錢。

現今，眷村中可以輕易感受到最明顯的教育效果，可能是國語推廣的魔力。像第一代居民的婆婆們講的國語都不太標準，有濃厚的鄉音，嚴重的連第二代小孩們都聽不太懂。但在台灣受過教育的第二代，不但說一口流利國語，甚至還能用自家方言如四川話、湖南話與同鄉鄰居們交談。仁和村裡也有在六十年左右嫁給外省軍人的本省媳婦，她們的小孩大多是國、台語雙聲帶，與父親講國語、和媽媽說台語。〔註 39〕語言文化在仁和村也漸形豐富。

仁和村附近「台南空軍子弟小學」與「仁和國小」的設立，皆是軍方顧及眷村子女教育需求的特殊措施。民國四十四年前，眷村子弟全就讀位於台南市水交社（南門路 232 號）的空軍子弟小學。〔註 40〕該校創立於民國三十七年春天，空軍供應部隊進駐台南基地，空軍總部於同年四月選擇水交社原日軍宿舍設立「台南空軍子弟小學」。軍方將原日軍宿舍略加改造，勉強作爲教室，學生三百多人，派許汝珍爲首任校長，推空軍供應司令爲董事長。眷村子弟不僅上、下學有交通車接送，還可申請學費補助優惠。至五十五年止，空軍子弟小學的學生達二千一百餘人。五十六年空小奉令移轉市府接辦；而爲紀念空軍烈士周志開先生，〔註 41〕同年 8 月改名台南市南區「志開國民小學」。不過，六十年後開始逐年減班，民國九十五年只剩十二班學生 286 人，爲市區小型學校，實施小班制度。

民國四十四年，眷村內設立國小，仁和村孩童開始走路至附近國小就讀。最初二空內設置了「文賢國民學校」牛稠分班（仁愛村 453 號），四十五年改稱文賢國校牛稠分校；四十八年正式獨立爲「仁和國民學校」；五十七年八月推行九年國教，奉令改爲「台南縣仁德鄉仁和國民小學」；六十九年增設啓智班一班。民國八十八年起「仁和國小」附設幼稚園中、大班各一班（接收婦聯會幼稚園）。因眷村人口老化、外流，學齡人口逐年減少；九十一學年

〔註39〕 仁和眷村訪談資料，熊黃淑惠婆婆、侯吳良子女士訪談內容，2007/6/2，8：00～8：30 分；2007/6/3，9：00～9：30 分，頁 20、21。

〔註40〕 志開國小網站──學校歷史──志開之前世今生，http://students.zkes.tn.edu.tw:81/navigator/index2.php?target=8，2007/4/22。

〔註41〕 周志開（1913～1943），河北省灤縣人，中央航校畢業。1943 年 6 月，四川梁山機場日本轟炸機來襲投彈，周烈士登機升空迎擊，戰績輝煌，獲授青天白日勳章，爲空軍第一位獲此殊榮者。同年 12 月 14 日從湖北前往鄂西偵察敵情。遇敵機攔截，空戰中負傷，返航時座機失事殉職。

度起減班，〔註 42〕九十五年「仁和國小」完成老舊校舍的整建工程，朝向小班教育發展。九十六年學年度，全校學生共 99 人，每年級一班，學生是本地與外地遷入皆有；以前老師以外省人為主，現在則多本省人，教育部規定學校要教鄉土語言，所以也教授台語。「仁和國小」在特定節日會舉辦親子活動，如九十六年五月舉行慶祝母親節聯合社區親子聯歡會；聖誕節也舉辦同樂會。〔註43〕現今「仁和國小」孩童，畢業升學至「崇明國中」（民國八十年成立）與「仁德國中」，有些家長也會送子女至台南市區內的「大同國小」、「崇明國小」（民國八十六年成立）、等鄰近的市區學校就讀。

（三）醫療機構：軍眷診療所（見附錄五、圖 21，頁 118）

民國四十五年國防部眷服處成立後，開始在各眷村設立軍眷診療所 52 所就地駐診，至四十六年已成立百餘所。〔註44〕軍眷診療所主要從事醫療工作，也具備社區衛生所功能。診療所依眷村大小分為甲、乙、丙三種，甲種為眷戶達三千戶以上，設有主任、醫師、藥劑員、護士及衛生員；乙種則眷戶介於 2500～3000 戶之間，僅設一位醫生駐診；丙種則屬醫療巡迴車，對偏遠眷村提供定時服務。〔註 45〕仁和村之聯勤「第四一軍眷診療所」於民國四十五年設立，設有內科、外科、小兒科、婦產科，派駐一主任醫師與數位護士、佐理員，進行醫療服務。眷戶生病可至診療所醫治，如感冒、受傷需吃藥、注射等，診療所還提供新生兒的健康檢查。自全民健保實施後，各地診療所裁撤或併入地方醫院，「第四一軍眷診療所」也於九十年關閉。

從仁和村的自治會與發展協會，可看出眷村受軍方與地方政府管理的雙重體制。而仁和村的行政、醫療、文教機關齊備，更顯示眷村內部組織完整與外界隔絕的特殊地位。從仁和村第一代與第二代眷戶受教育情況的差別，可視為經歷大陸戰亂時期後，至台灣入住眷村的生活已漸穩定。軍方與政府也十分重視眷村子弟的教育，特在眷村附近設空軍子弟小學，後來又成立「仁

〔註42〕仁和國小網站──學校簡介──學校沿革，http://www.rhes.tnc.edu.tw/index2.htm，2005/6/4。

〔註43〕仁和眷村訪談資料，仁和國小教導主任郭建旻訪談內容，2007/6/2，15：00～15：30 分，頁 24。

〔註44〕郭冠麟編，《從竹籬笆到高樓大廈的故事──國軍眷村發展史》（台北：國防部史政編譯室，2005 年），頁 46。

〔註45〕喻麗華，〈綜論台灣移民社會中「眷村」聚落之探討〉，2001 年 12 月，頁 132。收入《2002 高雄研究學報：（2001）高雄研究研討會論文集》（高雄：春暉出版，2002 年）。

和國小」，且給予上下學公家車接送等優待。但從近年來仁和村的自治會行政僵化、發展協會重視老人照護功能與小學減班趨勢，也呈現出眷村沒落、人口老化、外流的實況。

三、產業商街興衰史

　　仁和村雖是軍眷村，但眷村內的商業多元，小吃街也十分熱鬧。不同時代有不同的流行產業，從商街興衰演變當中，最能清楚看出時代對仁和村的影響。

　　據《仁德鄉志》統計，民國八十三年仁德鄉內商業前三名為：仁愛村（18.19%）、仁義村（16.04%）、仁和村（15.21%）；仁和村於金融保險不動產及商業服務業，公共行政、社會及個人服務業，運輸倉儲及通信業都居前三名內，〔註46〕可知本村商業及公共行政服務業迅速發展之趨勢。

　　仁和村成立之初，仍不脫大陸時期愛喝茶的傳統文化氛圍。五十年代眷村裡一度流行在茶館聊天聽廣播，可惜年代久遠資料、照片難尋，只能從眷村子弟的口中探得些許回憶。在茶館可泡茶、玩撲克牌、聽收音機廣播節目等。茶館沒落後，六、七十年冰棒店崛起，極盛期增加至近 20 家，一枝冰棒早期約 2 毛錢，七十幾年一枝五塊。二空的駱駝牌冰棒在台南最有名，因為天氣熱，極解渴味道又好。眷村裡最早是誰將冰棒取駱駝為名已不可考。不過因三峰駱駝是聯勤服務的標誌，駱駝是以堅強、能載重而馳名的，長途跋涉，不需飲水，而三峰駱駝就代表要為三軍服務。〔註 47〕二空早期官兵多服務於二供應處和機場，二供應處就屬於聯勤體制下的後勤單位，故以駱駝標誌為品牌，應是軍民自工作環境得來的靈感。

　　據二空開設駝峰商號的熊媽媽表示，二空駱駝牌冰棒是用純砂糖作的，有紅豆、綠豆、鳳梨、酸梅、米糕口味，糯米糕冰棒最好吃也賣最好。此店的極盛期有 5、6 個小販批冰棒騎車去賣。到七十二年，因機器壞了、丈夫生病她就不作冰棒了。〔註 48〕張村長也曾將冰棒綁在小車的冰箱騎去賣。村長

〔註46〕參閱陳奮雄纂，宋義祥、鍾和邦主修，《仁德鄉志》（台南：仁德鄉公所，1994年），頁 505。

〔註47〕黃仁霖英文遺稿‧張玉蘐譯述，〈接收美軍源物資與主持聯勤總部〉，《傳記文學》，第 43 卷第 1 期，254 號，1983 年 7 月，頁 84。

〔註48〕仁和眷村訪談資料，熊黃淑惠婆婆訪談內容，2007/5/27，7：00～7：30 分，頁 19。

在製冰過程發現，當時超抽地下水後導致冰棒成品，因水質多沙味道變壞。而且冰棒店開很多家，生意不好做，第一代作冰棒的老先生們也都作古。民國七十年後冰棒店也逐漸式微。

冰棒店消失後，在約距今十年前，二空自治會前街道掀起涼麵熱潮。有「涼麵街」之稱號，街上至少有 5 家以上賣涼麵的店家。（見附錄五、圖 22，頁 119）因為台南悶熱，眷村居民又多四川人愛吃麵食之故，手工涼麵始終暢銷。冰棒與涼麵店，都是仁和村眷戶針對台南炎熱天氣，特別發展出來的飲食小吃；尤其四川涼麵雖是眷村媽媽們從中國帶來的手藝，但口味各家不同，還有紅麴等新口味推出。後來賺錢的店家逐漸開始移民外國或搬至市區，現今街上只剩村長與杜記、洪記涼麵三家。目前已是第二代經營的村長更精心推出新的紅麴涼麵，紅麴是代表外省口味的養生食材，吃起來酸甜健康，十分消暑，一碗 30 元。

但多年後的今天，街道略顯沉寂，眷村經濟消退停滯情形可從主要商業街的分佈看出一般。根據筆者於九十六年二月實地記錄之仁和村主要街道產業商店圖，統計出二空街上以小吃與服務業為主，包括麵店 7 家、涼麵 3 家、早餐店 7 間、飲料店 4 家與 8 間理髮店。小吃有自助餐、便當、滷味屋、沙嗲鹹粿攤等。還有電器行 4 家、藥房 3 家、機車行 2 家、腳踏車店 1 家、水電行 1 家、文具店一間，議員服務處（吳健保、劉振雄）2 間。而公家機關設施有郵局、菜市場、仁愛涼亭、仁和國小及附屬幼稚園等，其他如牙科診所、檳榔攤也零星散佈其間。

健全的公共設施顯示出仁和村的生活與休閒機能已屬完備。不過街上如今三兩分散的小吃店與零星顧客，又不經意透露著眷村的滄桑與沒落。至九十年代二空唯一仍吸引一波波吃飯人潮的當屬老店「金門館」。（見附錄五、圖 23，頁 119）該店第一代老闆是河北人，賣北方口味的燴餅、炒餅、炒飯。金門館於民國六十四年在仁和村街上開店，老闆以前住過金門再搬來，故名「金門館」。七十三年搬到仁愛村，由第二代掌廚口味不變，招牌是牛肉燴餅、炒餅，也有酸辣湯、水餃。民國八十三年增賣燒餅，有甜、鹹、蔥口味可作早餐吃。民國九十年後因應外帶便當熱潮，增賣排骨便當。九十七年因二空改建，金門館搬至大同路大林國宅。

除金門館外，二空街道上的第一代老店代表還有陳家麵店、熊記（駝峰）商號、馮家大餅（早餐店，見附錄五、圖 24，頁 119），每間店都隨時間變遷

賣過許多不同商品。馮家五十幾年就在菜場旁擺攤，賣山東口味的大餅、煎包、燒餅等早點，七十二年搬到現址由第二代接手增賣蛋餅、鹹酥餅、杏仁茶等台式早餐，沾醬種類也增加醬油膏、辣椒膏。陳家麵店早期在市場旁擺攤賣粽子、涼茶，後來搬到現在店面做意麵、粄條，以陽春麵爲主。麵店桌上都有多種調味料，如：醬油、醋、蒜泥汁、辣椒油、胡椒粉與豆瓣醬，尤其薑蒜汁、辣椒油是外省口味的獨特醬料。熊記商號賣過的小吃更多元化，老闆娘是本省媳婦，從六十幾年開始賣冰棒；七十年轉作雜貨店、七十幾年增賣廣東香腸、涼麵、甜酒；八十六年加賣四川泡菜、九十幾年增賣本省口味的花生粽、肉粽。而香腸、涼麵、泡菜都是熊媽媽跟眷村的外省人學的廚藝，粽子也是向菜市場的本省人批來賣的。筆者從上述歸納出，二空眷村裡的老店早期都位於菜市場旁，後來因七十年左右眷村發展蓬勃、人潮多，作小吃生意很好而搬至店面，且老闆們都逐漸吸收台灣文化而增賣本省的飲食餐點。菜市場街上還有本省媳婦的侯吳良子女士，在家門前擺攤賣雞蛋糕（本省小吃）、廣東粥（外省口味）、薏仁粥等。〔註 49〕而民國九十年後新開的滷味屋、沙嗲攤，也代表外來的飲食文化進駐二空眷村，二空飲食呈現更豐富的新樣貌。

四、居民休閒生活史

仁和村第一代居民的休閒，和第二代孩童、青少年時期都大不相同。

民國四十、五十年代，仁和村成年人的一般休閒活動是星期三、六晚上，到補給總庫（後改爲二供應處，現後勤供應司令部）禮堂（康樂廳）聽平劇或看歌舞表演；眷村居民或空軍藍天藝工大隊擔任表演，演出平劇裡的橋段，如紅娘、三娘教子、孫悟空等。後來，自治會也請外面團體表演歌舞，即在今菜市場位置空地上搭台演出。現在的籃球場也是以前舉辦活動用的空地，圍起竹籬笆放露天電影或供康樂表演用。〔註 50〕仁和村居民也常到街上茶館喝茶。從大陸遷台後，早期消遣，因傳統喝茶習性未變，故眷村內開設茶館，居民喜歡去喝茶、泡香片、玩撲克牌、接龍、撿紅點，也玩從四川流傳過來的尻尻牌（現今四川仍可看到）。茶館裏有收音機，可以聽平劇和廣播

〔註49〕 仁和眷村訪談資料，侯吳良子女士訪談內容，2007/6/3，9：00～9：30 分，頁 23。

〔註50〕 仁和眷村訪談資料，楊和麗訪談內容，2005/7/16，14：00～15：10 分，頁 16。台東新報二版，〈高市歌星慰勞南縣市駐軍〉，1955/2/21（一）。

劇、籃球轉播等。民國 54 年，因經濟起飛、家家開始流行看電視，人們不再滿足於聽廣播節目，茶館文化至此沒落。然而過年和榮民節時，政府會特別商請軍方的康樂隊舞龍舞獅來表演；也放露天電影讓居民欣賞。眷村裡的公共廣播器也是各地眷村文化特色之一。像眷村小說中提到：

> 以前居民大多沒裝電話前，村上有個軍用電話和擴音器，有事就打
> 電話到活動中心，擴音器裡立刻喊出誰家誰人的電話，是誰打來的；
> 也有要找人找不到的，去活動中心喊話，幹事年紀大了，每次好用
> 訓人口吻說話：「××，你們家來客人了，你趕快來接！」有時候炎
> 炎夏後，正在好夢，這一擴音，全村都醒了。〔註51〕

仁和村也在屋頂上架設約四、五支喇叭，供自治會統一廣播用，這也是眷村受軍方集中管理的象徵之一。（見附錄五、圖 12，頁 117）五十年代每天早上七點，自治會固定放廣播節目——早晨的公園，讓小孩聽了快快樂樂的上學。現在則在元旦升旗或宣布舉行改建說明會的日期時才會使用公共廣播。

　　眷村第二代的小孩子們常玩滾鐵環、橡皮筋、醬油蓋和彈珠、尪仔標、丟陀螺、跳橡皮筋、踢毽子等遊戲，〔註52〕自己也用布包銅板，上插公雞毛自製毽子，用木頭自製手槍，加上橡皮筋當板機玩官兵捉強盜。眷村小孩也常坐樹下聽眷村媽媽們講故事，當時王媽媽、吳媽媽、索媽媽三人最會講七俠五義等忠義故事。他們還會爬樹或到糖廠空地附近的大水溝游泳；或在下雨後去外圍草地撿蕈子，或去附近池塘裡撿田螺。以前眷村媽媽們會用兩三朵蕈子煮湯來喝，十分鮮美味甜。現在因環境污染，野生菇蕈已很少見。由於二空附近多台糖田地，早期機器採收後，眷村小孩們會去田裡撿拾漏收的甘蔗、花生或地瓜，在田裡直接焢窯吃。

　　七十年代掀起一股大陸探親的旅遊熱潮。民國七十六年七月十五日政府解除戒嚴後，以國家安全法代替戒嚴令。解嚴後第三天，政府宣告解除國人赴港澳觀光的限制，默許兩岸親友在港澳會晤。〔註53〕同年十一月一日開始政府在三原則下允許國民赴大陸探親：1.反共國策與光復國土目標不變；2.確

〔註51〕蘇偉貞，〈眷村生活〉，收入青夷選編《我從眷村來》（台北：希代，1986年），頁 17。

〔註52〕仁和眷村訪談資料，張長壽村長訪談內容，2005/4/25，10：00～11：30 分，頁 18。

〔註53〕蔡政文、林嘉誠，《台海兩岸的政治關係》（台北：國家政策研究資料中心，1989 年），頁 139。

保國家安全防制中共統戰 3.基於傳統倫理及人道立場。〔註 54〕開放大陸探親後，睽違故鄉親人已久的第一代老榮民與榮眷們，大都專程帶錢回鄉探親。村裡索婆婆在七十幾年就回大陸探親，特地帶了紅包、首飾、戒指、衣服給親人。當時大陸環境很差，水電不發達。她覺得大陸的路燈很漂亮，但一個燈亮、下一個燈就不亮，而且三天兩頭就停電，街上黑漆漆的。晚上她去餐館吃飯時，營業時間一結束就關燈，服務生還要求她們吃完自己從後門走出去。早期她去的時候，大陸生活要用糧票配給，沒電話又交通不便，開放後環境漸好。〔註 55〕海爺爺在開放探親的第一年就回去，而且帶錢給大陸親人。弟弟、弟媳那時還在，到八十幾年去世，剩下他們的兒子、女兒。他的姪女後來也來台探訪過海爺爺。〔註 56〕居民探親後，莫不感嘆物換星移、人面全非，大部分雙親已不復在。有些眷村第二代前往尋根者，與故里親友相見歡，至今仍保持聯絡。日後參加旅行團至大陸觀光也變成眷村居民的熱門旅遊活動之一。

現今村裡的休閒娛樂活動，如老居民有空多會去「和愛社區發展協會」二樓打麻將，或活動中心的卡拉 ok 唱歌消遣，或到仁愛涼亭下棋、聊天。（見附錄五、圖 25，頁 119）發展協會一樓的關懷中心為照護老榮民設有量血壓站、按摩椅與簡易健身器材，每天皆可使用。眷村的另一休閒習慣，就是在家中和鄰居媽媽們打麻將；麻將被視為賭博行為，以前是被軍管禁止的，不過自第一代退役後管制也逐漸放鬆。一到傍晚，很多眷村居民會去仁和國小繞操場散步，或使用單槓等健身設施；青少年則到砲陣地改建的籃球場、滑冰場打球、溜直排輪。除了使用公共休閒設施外，眷戶們也喜歡利用後院或門前種點花草蔬果，尤其仁和村眷戶門口種有青蔥、辣椒樹的盆栽，院子裏更可見到芒果樹、楊桃樹等大株果樹；籃球場旁還有高大的桑椹樹。每到收成時刻就出現眷戶們互送的溫馨情景。

仁和村居民也參加火災互助險、和愛長壽會、婦女會、和愛社區合作社等社團。在民國四十、五十年代二空眷戶可投保空軍官兵火災互助險，士官

〔註 54〕 蔡政文、林嘉誠，《台海兩岸的政治關係》（台北：國家政策研究資料中心，1989 年），頁 141。
〔註 55〕 仁和眷村訪談資料，康淑英婆婆訪談內容，2005/2/12，8：30～9：50 分，頁 6。
〔註 56〕 仁和眷村訪談資料，陳秀英婆婆訪談內容，2005/2/20，10：15～11：55 分，頁 12。

長每月交三元、士兵每月一元。若眷戶發生火災可享互助金一萬元或四千元補助，是空軍總部對眷戶的福利措施之一。仁和村社區的長壽俱樂部於民國七十五年成立，法律依據爲省政府六十四年八月公佈《台灣省社區長壽俱樂部設置要點》。首任會長是潘立志，活動主旨如設立慶生會、象棋圍棋社、太極拳研究班與自強旅遊等。〔註57〕九十五年，長壽會員每年需繳會費500元，舉辦聚餐、旅遊和重陽節發放夾克等福利品。仁和村婦女則多參與仁德鄉公所的婦女會，婦女會關注婦女健康與生活各方面，選舉時也開會討論支持對象，每年不定期辦旅遊。〔註58〕

　　總之，仁和村除普遍眷村有「國旗多、軍用箱子多」特點外，還有「飲食特色多、青蔬果樹多、公共組織多」之三大特色。在眷村，國旗是愛國象徵，舉凡國慶日、光復節家家都掛國旗；參加元旦升旗時也是住戶人手揮舞一支小國旗。（見附錄五、圖26，頁119）而眷戶家中擺放的軍用箱，更是早期軍眷克難生活的代表。因無錢購買家具，只能利用軍中易得之廢棄鐵箱來擺放物品。仁和村居民家中，仍保存軍用木箱、舊碗、舊大同電視與軍人節彩券等可紀念眷村早年生活的歷史性物品。（見附錄五、圖27、28，頁120）不過二空眷戶們也因改建搬遷而丟棄許多舊物，十分可惜。雖然仁和村面臨改建，飲食文化仍豐富多元，如早期流行茶館、冰棒，現今涼麵、包家香腸、金門館仍門庭若市。二空還有數棵樹齡五、六十年的老榕樹，一早鳥兒就在樹上清脆鳴叫。眷村孩子、長輩和婦女們常會在老樹下下棋、泡茶、聊天話家常。高聳的老榕樹，綠葉繁盛，陽光斜灑在葉縫間，照映樹蔭下玩耍的孩子及坐在藤椅的老者身上；〔註59〕這幅溫馨景象至今還保留存在。現今眷戶庭院裡果樹翠綠、小菜圃繁茂的景象，以及自治會、婦女會、長壽會、發展協會等公共組織服務眷戶許久，都是仁和村特別的眷村文化代表，將來改建以後會如何呢？這是我們關懷的問題。

〔註57〕陳奮雄纂，宋義祥、鍾和邦主修，《仁德鄉志》（台南：仁德鄉公所，1994年），頁95、96。

〔註58〕仁和眷村訪談資料，張華春會長訪談內容，2005/2/11，10：00～11：15分，頁1。

〔註59〕楊長鎮、莊豐嘉主編，《認識台灣眷村》（台北：民主進步黨族群事務部，2006年），頁134～135。

第四章 台南縣仁和眷村文化的傳統與創新

　　經過幾十年，眷村裡來自大江南北的軍人及眷屬，在類似貧民窟的聚落中，發展出新的族群模式。眷村的主角是一群歷經戰亂、顛沛流離的難民，是一群和親友、故鄉生離死別而流落異鄉人；是望斷天涯路而有家歸不得的落難者。時代造就了這一齣悲劇。數十年來，他們被隔絕的氛圍薰陶，形成類親族的獨特文化；本土意識興起，族群意識被喚起，而「芋仔」、「番薯」成為敵對族群的代名詞。〔註1〕有別於閩、客族群，他們被稱為「外省仔」；海峽兩岸開放，但是又被大陸同胞稱為「台胞」。時代造就了他們邊緣的性格。〔註2〕

眷村的過去與現況

　　筆者記憶裡小時候的眷村印象，是熱鬧且帶有濃濃芒果香的感覺。自家後院處處瀰漫著樹上芒果成熟的飄香味，屋裡也不時傳來鄰居串門談笑聲，特別是那充滿各省鄉音的親切國語，巷裡人多熱鬧，眷村生氣蓬勃。現今眷村卻人煙稀少，空屋多又房舍老舊，屋外只剩三、四位老人家坐著聊天。唯一令筆者欣慰的是，仍依稀傳來打麻將的聲響，聽來倍感懷念。由今昔對比可知，仁和村由熱鬧轉沉靜，情感也漸疏離，眷村文化正迅速消失中。本節

〔註1〕 指導老師張四德教授撰述，2007 年。又參見胡台麗，〈芋仔與番薯——台灣「榮民」的族群關係與認同〉，《中央研究院民族學研究所集刊》，第 69 期，1990 年春。
〔註2〕 指導老師張四德教授撰述，2007 年。

主要討論仁和村「文化變遷」的問題。文化變遷發生的原因，包括與外來文化接觸、人口增減、文化的創新發明、經濟政治體制之改變等，其中以創新發明、文化交流與文化變革等影響最大而直接。〔註3〕本章將從眷村媽媽的生活、一般婚喪習俗、特殊慶典與眷村信仰、政黨認同、飲食等各層面來重現眷村的多元文化。

第一節　眷村媽媽的經歷與副業

　　國共內戰時，隨丈夫軍隊遷台的外省籍婦女，就是第一代的眷村媽媽。這群來自不同省份的婦女，因遷台苦難的集體記憶〔註4〕與眷村副業文化經驗，使眷村媽媽們彼此間發展出親密情誼。而眷村的男性，因職業是軍人，工作性質敏感不予討論。本節就從第一代外省婦女的遷移經歷與副業出發，來探討眷村媽媽的文化。

一、第一代眷村媽媽的故事

　　眷村媽媽的集體記憶，就是從大陸遷台入住眷村的鮮明逃難印象。根據仁和村訪談資料：徐婆婆民國三十六年坐船來台，先到高雄十四碼頭的庫房住了幾個月，又調到台南租房子住了三個月，然後搬到糖廠住帳蓬約一年。直到民國三十九年二空蓋好才搬到仁和村住。〔註5〕

　　王婆婆三十八年與丈夫在重慶坐飛機抵台後，先到屏東眷村住，後搬到台南青年路；民國四十年搬到二空。〔註6〕

　　李婆婆全家在三十八年從雲南坐貨船抵高雄住了幾個月，後來到台南青年路住，又遷到二供應處蓋的鐵皮屋（睡榻榻米），是由政府提供鐵皮，由住

〔註3〕黃勝雄，〈族群、社會文化與空間意涵〉，《思與言》，第 34 卷第 3 期，1996年 9 月，頁 195。

〔註4〕Maurice Halbwachs 被認為是集體記憶理論的開創者。他的主要貢獻在於，提出記憶是一種集體社會行為，現實的社會組織或群體，都有其對應的集體記憶。許多社會活動，常強調某些集體記憶，以強化某一人群組合的凝聚。轉引自王明珂，《華夏邊緣：歷史記憶與族群認同》（台北市：允晨文化，1997年），頁 46。關於集體記憶另可見王明珂，〈集體歷史記憶與族群認同〉，《當代》，第 91 期，1993 年 11 月，頁 6〜18。

〔註5〕仁和眷村訪談資料，徐蔣秀禎婆婆訪談內容，2005/2/28，10：10〜12：00 分，頁 14。

〔註6〕仁和眷村訪談資料，王遠華婆婆訪談內容，2005/2/11，13：00〜14：20 分，頁 3。

戶自己蓋房子。四十年因二空有住戶被調往岡山，原眷舍空出，李婆婆家才搬過來。〔註7〕

索婆婆三十八年來台在嘉義下飛機，住斗南一、兩個月後，才分發到台南二供應處，住林森陸橋的防空洞；三十九年搬進二空。〔註8〕

海婆婆三十七年底坐飛機抵台南中山堂，住過屏東林邊、台南防空洞；三十九年在糖廠附近搭帳篷，後來住二空仁和村，又搬至貿易四村。〔註9〕

從眷村訪談中得知，二空的第一代眷村媽媽幾乎都是跟隨軍人丈夫或其他軍眷，以坐船、搭飛機方式來台。軍眷們抵達的地點不盡相同，有高雄碼頭、台南、嘉義等機場。她們隨丈夫四處調搬，直到分發至台南空軍基地的二供應處，先在基地附近糖廠住帳篷、或住林森陸橋旁防空洞。民國三十九年二空新村搭蓋後才搬入。此段自大陸遷台住眷村的集體記憶，使她們雖來自不同省份，但因丈夫工作性質相近又有共同經歷，故很快可凝聚新的族群意識。不過在六、七十年，有些住戶因孩子長大結婚，眷舍空間不足而搬至附近貿易四村、全福新村等地居住。

第一代的眷村媽媽都十八般武藝樣樣精通，主要是由於遷台時流離顛沛僅依賴微薄的軍人薪資過活。幸好政府早年照顧軍人生活，每月水電費半價優待。聯勤總部每月委託各鄉鎮農會將食米、油鹽等眷糧送到眷村（民國七十年以後將實物補給改發代金），供眷戶憑眷補證免費領取。〔註10〕（見附錄五、圖 29，頁 120）因戰亂遷徙健康不佳，所以眷村媽媽常用糧米餵養雞、鴨，補充營養。早期家家戶戶很少外食；眷村媽媽每天煮飯，起初用燒煤球生火，後來才買了電鍋。

眷村居民享有各項福利。看病方面，村民在來台初期是到安平路的空軍醫院（安平大橋附近）就醫；當時有軍人與眷屬看病免費的優惠，也有鄰居幫忙接生。八一四空軍醫院搬到二空附近的大同路之後，仁和村內也設立聯勤四一診療所，就醫更加便利。此外，領退休俸的榮民子女可申請全額的學

〔註7〕 仁和眷村訪談資料，李鳳蘭婆婆訪談內容，2005/2/11，14：30～15：40 分，頁 4。

〔註8〕 仁和眷村訪談資料，康淑英婆婆訪談內容，2005/2/12，8：30～9：50 分，頁 6。

〔註9〕 仁和眷村訪談資料，陳秀英婆婆訪談內容，2005/2/20，10：15～11：55 分，頁 12。

〔註10〕 參閱胡台麗，〈芋仔與番薯——台灣「榮民」的族群關係與認同〉，《中央研究院民族學研究所集刊》，第 69 期，1990 年春，頁 115。

費補助（從國小到中學、大學和研究所），急難時可向聯勤單位申請救助，死亡可獲喪葬補助。遺眷可繼續享有眷補、教育補助費、免費居住眷舍、並領終身俸金額之半。〔註11〕

二、眷村媽媽的副業

遷台初期政府注重經濟發展。民國四十二至四十五年展開四年經濟發展計畫，優先鼓勵中小型基礎工業，也鼓勵家庭和手工工業。〔註12〕民國六十一年六月六日，謝東閔〔註13〕任省主席時，以建設台灣成安和樂利的均富社會爲目標，提出「增加財富」和「消滅貧窮」兩大計畫。在前項計畫推動「客廳即工廠」，鼓勵農村家庭從事副業生產，創造財富。他既注重城市發展，也著重農村建設。在主席任內，倡導把客廳當工廠，希望做到「人無半日閒，地無一时荒」。〔註14〕他認爲「利用家務之餘，從事家庭副業，不僅可以貼補家用，更可以使那些打牌等不正當的娛樂，自然無由興起。」〔註15〕同年八月二十七日，謝東閔在省政府員工主婦聯誼會上，主張推廣家庭副業生產，增加家庭收入。日後省政府推廣該項運動至全省各地。六十六年，在「客廳即工廠」政策下，全省已有 11 萬 6 千多位婦女加入此一生產行列，在家中製造箱盒、雕刻品、編織品等外銷手工藝品。〔註16〕眷村裏家家戶戶都投入作手工副業，如新竹眷村流行做聖誕燈串。〔註17〕另以呂玉瑕的研究來看，婦女就業態度分爲三大類型：贊成終身性工作、贊成間斷性工作與反對就業（見表五、婦女就業態度之類型）。〔註18〕其中家庭取向的間斷工作認可型，與眷

〔註11〕 參閱胡台麗，〈芋仔與番薯——台灣「榮民」的族群關係與認同〉，《中央研究院民族學研究所集刊》，第 69 期，1990 年春，頁 115、116。

〔註12〕 參閱徐中約著，計秋楓、鄭會欣譯，《中國近代史》（下），（香港：中文大學出版，2002 年），頁 778～779。

〔註13〕 謝東閔先生出生在台灣，成長於大陸，是本省籍省主席和副總統的第一人，任內推動「客廳即工廠」政策，鼓勵婦女在家可從事手工副業。

〔註14〕 江承格，〈謝東閔先生的嘉言懿行〉，《傳記文學》，第 78 卷 5 期，468 號，2001 年 5 月，頁 63。

〔註15〕 中國時報編輯部，《台灣：戰後 50 年 土地・人民・歲月》（台北：時報文化，1997 年），初版六刷，頁 269。

〔註16〕 中國時報編輯部，《台灣：戰後 50 年 土地・人民・歲月》（台北：時報文化，1997 年），頁 269。

〔註17〕 參閱潘正國編，《竹籬笆的長影——眷村爸爸媽媽口述歷史》（新竹：竹塹文化資產叢書，1997 年），頁 213。

〔註18〕 呂玉瑕，〈社會變遷中台灣婦女之事業觀：婦女角色意識與就業態度的探

村婦女從事副業的態度較相近。它的特徵是教育程度較低、年齡中等或以上、家庭社經地位較低。〔註19〕仁和村第一代的眷村媽媽在大陸多未接受教育，早期家庭經濟困苦，所以在中年因兒女已上學或自立時，利用時間出外工作添補家用。她們雖較認同家庭取向的傳統婦女角色，仍從事間斷性、可配合家庭作息的工作。

表五　婦女就業態度之類型

就業認可 角色取向	贊成終身性工作	贊成間斷性工作	反對就業
事業角色取向	整合的事業型	事業取向的間斷工作認可型	衝突的不就業型
家庭角色取向	衝突的事業型	家庭取向的間斷工作認可型	傳統型

引自呂玉瑕，〈社會變遷中台灣婦女之事業觀：婦女角色意識與就業態度的探討〉，《中央研究院民族學研究所集刊》，1980年，第50期，頁56。

　　仁和村的第一代外省媽媽們，一開始多在家織毛衣。首先她們需要花錢買機器。織毛衣機器分三種（見附錄五、圖30，頁120），大機器用來打邊，小機器用來織毛衣，還有合棉機把毛線繞成大毛球再放到機器上織毛衣。織毛衣的步驟是：先用大機器把邊打好，再用小機器織袖子、前身、後背部份，最後用大機器組合織成一件毛衣。眷戶向中盤商拿毛線，織好毛衣後再送回中盤商拿到市場去賣，論件計酬，三個月一次。眷戶們一個冬天可以賺一萬多元。作此副業的時間約從民國四十五年到五十九年。四十年代任職士官長每月薪俸兩塊錢，織毛衣能補貼家用改善生活。〔註20〕織毛衣是眷村重要的副業收入來源。媽媽們相聚，邊聊天邊用機器打毛衣，很熱鬧，鄰居感情也更好。

　　從五十九年開始，仁和村的婦女，從事其它的家庭代工及工廠加工等兼職，貼補家用。眷村媽媽們相約一起至工廠打零工，做過很多副業，如三槍牌工廠（內衣）、熱水瓶工廠、牛仔褲工廠、眼鏡加工、〔註21〕糊洋火柴盒（一

討〉，《中央研究院民族學研究所集刊》，第50期，1980年，頁56。
〔註19〕呂玉瑕，〈社會變遷中台灣婦女之事業觀：婦女角色意識與就業態度的探討〉，《中央研究院民族學研究所集刊》，第50期，1980年，頁59、60。
〔註20〕仁和眷村訪談資料，王遠華婆婆訪談內容，2005/2/11，13：00～14：20分，頁3。
〔註21〕仁和眷村訪談資料，陳秀英婆婆訪談內容，2005/2/20，10：15～11：55分，

個計價三塊錢）、縫毛衣繡花、食品工廠泡大蒜、嬰兒鞋工廠、錶鏈工廠（一個月約 800 元）、糖廠（餵豬）等。〔註22〕如作家庭手工（電子工廠零件），十個一盒算 2 塊 5，實在非常辛苦。〔註23〕

自治會簡報上也提及仁和村的軍眷就業。經婦聯會開設洋裁班等輔導協助及眷戶自身的刻苦奮鬥，百分之九十五以上均有正當副業，尤以從事毛衣編織，縫紉等最多，工廠其它次之，爲本省眷村之獨秀。〔註24〕還有婦女在村內賣早點、開冰店、〔註25〕賣涼麵等，足以證明當時眷村媽媽從事副業風氣之盛。因爲眷村生活清苦、軍人薪水有限、孩子又多，順應政府宣導與附近多工廠等環境因素，眷村媽媽展開織毛衣與零工副業。據自治會長張華春表示，村內原有大小毛衣機，合棉機、縫衣機等共八百部，最高年收益達 480 萬元。但五十八年冬季因氣候溫暖，社會需要驟減，加之大工廠競爭削價，大多數機器無工作，全村收入不足一百萬元。眷戶們因此多轉入附近工廠。民國五十九年已有 150 人在五金廠、紙廠、蒜頭廠工作，早出晚歸，生活勤僕。〔註26〕（附錄五、圖 31，頁 120）是仁和村珍貴的縫毛衣照片，目前村內居民仍保存閒置多年的縫毛衣機器，可說是當年眷村生活的珍藏古董之一。

三、婦工隊（婦聯會貿易四村工作隊）工作情形

在大型眷村或婦聯會捐建的眷村裏，設有婦女工作隊（簡稱婦工隊），其組織層級原直屬婦聯總會，與地方縣市的分會平行；民國七十三年改隸各軍團婦聯分會。婦工隊早年是平行於自治會的眷村女性組織，教導婦女從事手工藝的生產，如貿易四村婦工隊在二空舉辦過洋裁班、髮網編織班〔註27〕等。婦工隊也組織婦女勞軍、捐獻，或從事眷村衛生工作及家庭計劃宣導

頁 12。
〔註22〕仁和眷村訪談資料，徐蔣秀禎婆婆訪談內容，2005/2/28，10：10～12：00 分，頁 14。
〔註23〕仁和眷村訪談資料，李鳳蘭婆婆訪談內容，2005/2/11，14：30～15：40 分，頁 4。
〔註24〕二空新村自治會，〈空軍台南縣二空新村自治會簡報〉，1973 年，頁 5～6。
〔註25〕仁和眷村訪談資料，陳秀英婆婆訪談內容，2005/2/20，10：15～11：55 分，頁 12。
〔註26〕張華春會長，〈貿易四村軍眷生活情形〉，供給婦女會手寫資料，1970/6/14。
〔註27〕中國日報 2 版，〈台南縣二空開辦軍眷髮網班〉，1956/10/2（一）。

等。〔註28〕（見附錄五、圖32，頁121）

　　二空的貿易四村婦工隊，成立於民國五十年五月十一日；民國六十年設
有隊長一人，委員八人，分組宣傳、慰勞、總務等工作，幹事一人，會員304
人，小隊長15人；主要職責為慰問救助軍眷，如五十九年秋節捐助貧苦患肝
癌住院會員李蘭英一百元；並赴台南空軍醫院、四總醫院慰問住院會員並贈
慰問品一份。六十年春節救助特別貧苦軍眷董書麟、吳蘭馨二人，各贈救助
金一百元。同年，端節慰問殘障兒童徐章華贈慰問品一份。後來李蘭英女士
病情沉重，醫藥費不足，報請婦聯會救助，獲救助金三百元；婦工隊又親自
發動本村眷屬募款得二千元，盡心救助病苦軍眷。另外，婦工隊於六十年三
月七日為慶祝婦女節借用空軍大卡車三輛，載會員 120 餘人到澄清湖郊遊，
參觀自來水廠，並作小型康樂表演助興，攝影留念。〔註29〕仁和村也受婦聯
會輔導及省縣合作社之補助，先後成立尼龍編織班、縫紉補習班二期，（附錄
五、圖31，頁120）受訓學員98人以上；結業後均在家就業補助家庭收入。
〔註30〕八十年代以後，婦工隊因眷村環境轉好，業務減少，而撤走村內辦
公室。

　　從眷村媽媽們的經歷、副業與婦工隊在當地的服務情形，可以看出外省
婦女在早期入住眷村的清苦生活，以及她們所發展出的副業文化及群體共患
難意識。

第二節　一般婚喪喜慶以及特殊節慶活動

　　從眷村的婚喪喜慶習俗與榮民節、過年等節慶活動，可看出眷村常民文
化是否有所變遷？如何隨社會環境變遷？

　　仁和村居民在早期過著克難又自立的眷村生活，婚喪喜慶等活動也要親
自動手，鄰友也都會幫忙與配合工作。喪葬習俗多依天主教或基督教信仰舉
行儀式，再葬於台南市的聖山。信佛教者則葬於南市的竹溪寺靈骨塔。熱心
公益的二空自治會張華春會長，現已過八十高齡，多年來常親手幫村民寫祭

〔註28〕林樹等作，《新竹市眷村田野調查報告書》（新竹：新竹市立文化中心，1997
　　　　年），頁206～208。

〔註29〕貿易四村婦工隊，〈中華婦女反共聯合會貿易四村工作隊簡報〉，1971年，頁
　　　　3。

〔註30〕二空新村自治會，〈國軍台南縣二空新村自治會簡報〉，1973年，頁6。

文或春聯、祝賀詞，有一手寫順口溜的精采功夫；連二空居民的姓名、住處都記得一清二楚。所以當附近老居民過世，子執輩多來請張會長寫祭文，會長還曾把祭文轉成幻燈片在喪禮上播放。如八十九年二月十八日為翁多榮太夫人所寫的家奠文中提到：

> 我的媽，心善良，克勤克儉。困苦中，養成了，清廉人生。
> 三九年，宴會上，認識父親。我的父，沈仁公，軍人本份。
> 父駐防，馬公鎮，空軍服勤。兩相見，情義投，真有緣份。……
> 父奉令，調岡山，一供應處。又派調，我空軍，二供應處。
> 配眷房，搬台南，二空新村。四七年，台明弟，台南降世。……
> 五口家，生活費，靠父一人。論月薪，不足是，米珠薪桂。……
> 娘一生，為兒孫，犧牲奉獻。每日裡，打毛衣，忙個不停。
> 兒孫多，父母苦，話出古人。我的娘，撫養兒，心血費盡。〔註31〕

九十五年十月二十八日為夏紹國太夫人所寫祭文：

> 三八年，父帶娘和珍華姐。隨空軍乘飛機來到台灣住二空，弟妹相繼出生。
> 姐弟妹承膝下快樂時辰，八口家，生活費，靠父一人。……
> 我的媽，做副業，貼補家用。在市場賣涼麵，大家歡迎。……
> 養育兒，為家計，茹苦含辛。我的媽，積勞疾，身患有病。
> 臥病榻，六七年，痛苦呻吟。突然間，病入肓，藥石不靈。
> 九五年十月十五蒙主恩召。靈耗傳，全家人，天昏地暗。〔註32〕

從上述二例可清楚得知當年夫「調」婦隨，軍眷們流徙入住二空異鄉的情形，以及人口眾多、拮据克難但溫馨樸實的眷村生活，以及爸爸從事軍職，二空婦女辛勤打毛衣做副業、賣涼麵貼補家用，含辛茹苦拉拔子女長大的狀況。這些都是一再證明上述仁和村眷村文化特色的實例，也是描寫眷戶生活情感的真實內容。

　　民國六十年代，二空自治會為紀念蔣公，特建蔣公銅像一座，立於自治會前，供全民追思懷念。六十八年十月三十一日擴大舉行蔣公誕辰紀念會及慶祝第一屆榮民節，參加眷戶及榮民一千餘人，並有餘興節目和摸彩等項。〔註33〕依此慣例，往後仁和村內每年舉辦榮民節慶祝活動。九十五年十月二

〔註31〕 張華春會長，〈沈母翁太夫人家奠禮〉，2000/2/18。
〔註32〕 張華春會長，〈梁母夏紹國太夫人家奠禮〉，2006/10/28。
〔註33〕 參閱二空新村自治會，〈空軍後勤司令部模範眷村事蹟表〉，1980/7/19，頁3。

十八日二空籃球場還辦理蔣公誕辰紀念日暨第 28 屆榮民節擴大慶祝活動，感念蔣公暨榮民對國家之貢獻，舉行摸彩、表演活動。不過參加人數逐年下降，已不如以往熱鬧。

　　眷村聯誼是每年都舉行的大型聚會，主要活動包含有獎徵答、節目表演等。如七十一年五月二十二日於後勤部中正堂舉行的二空新村年度眷村自強聯誼活動，安排了倡行勤儉齊家風尚的專題報告，並有幸運摸彩、餘興眷屬歌舞表演、字畫展示等活動。七十四年四月二十日雲嘉南地區眷村自強聯誼活動，在嘉義中學舉辦，邀請卡上明載「激勵憂患意識，堅定復國信念。團結奮鬥，開創國家光明前途。」字樣。主要表演節目有海光義工隊表演民族舞蹈【苗疆舞曲】、【四海歸心】；篤行八村表演現代舞【中華民國頌】；建國三村表演民俗藝術【雙簧】等。而台南地區第二梯次國軍眷村自強聯誼活動於七十八年一月二十八日在台南市文化中心舉行。二空新村的趙翠亭、黃麗招得到模範婆媳的獎勵；聯誼活動期間，節目包括海光義工隊演唱組曲〈中國懷念〉、表演歌舞〈鄉土情懷〉、合唱〈美就是心中有愛〉、全體軍眷合唱愛國歌曲〈梅花〉等。此外，有獎徵答活動，〔註34〕下列四道題目可供參考：

1. 要使中國成為和平自由的現代化國家，請問唯一可行的道路是什麼？
   答：以三民主義統一中國。
2. 確保眷村安全，檢肅可疑不法份子，是誰的責任？
   答：每位眷屬應有的責任。
3. 政府同意國人前往大陸探親。是基於什麼立場？
   答：基於倫理親情的人道立場。
4. 要安定繁榮，必須堅決反對什麼？答：分離意識。

　　上述有獎徵答的題目皆在宣傳統一中國、團結奮鬥避免分離的愛國意識。因兩岸軍事發展使政府、民眾均了解重返中國大陸的困難，這種預設立場的問答贈獎活動在七十年代以後日漸式微。自解嚴以後，八十年代台灣本土意識逐漸高漲，反共口號被視為蔣家威權統治的遺毒，於是反共口號逐漸從生活中剔除，淹沒在滾滾的歷史洪流之中。〔註35〕此類有獎徵答活動也漸

〔註34〕參閱平實部隊編印，〈台南地區 77 年第二梯次國軍眷村自強聯誼活動參觀手冊〉，1989/1/28，頁 17～26。

〔註35〕參閱吳昆財，《一九五〇年代的台灣》（台北：柏楊文化，2006 年），頁 152～153。

宣告停止。至今，聯誼僅是吃飯與欣賞歌舞表演、最後進行摸彩；富娛樂性質而不再宣揚愛國情操、理念。但眷村中的愛國精神，始終不滅。如住過台中清泉崗眷村、桃園大溪橋愛新村，卻非軍眷子弟的高信疆，回顧眷村文化時說道：

> 人類學家蓋爾茲在一篇論文中提到，文化有兩種，一種是外顯的，如外在的儀式行爲；一種是內向的，如內在的精神。我如此看待眷村文化：其外顯的部分，看起來是一個小傳統，是屬於軍人特定身分的生活圈子，有他們固定的起居作息和職業倫理；但其內向的部分，卻是一個大傳統，承續了很多中國傳統文化的特質，尤其忠孝仁義、敦親睦鄰，這些精神信念，在眷村文化中特別令人感受強烈。〔註36〕

的確，二空眷村也蘊含深厚的中國傳統精神，除敦親睦鄰已將眷村轉化爲一個大家庭；鄰里之間充滿親密的情誼外，一些忠孝仁義、愛國愛家的口號也早就漆在眷村的牆面上。只不過多年後字跡雖已斑駁，但應已深入眷村人的心中。

每逢過年，眷村中都充滿喜慶。街上掛出一串串的臘肉、香腸，皆是眷戶親自灌的外省口味香腸。過年前就陸續拿出來曬太陽。村裡也有趙家、包家專賣香腸、臘肉、醃雞腿的店家；尤其包家四川臘味遠近馳名，生意門庭若市。除夕夜通常在晚上6點燃放鞭炮，宣布團圓飯時刻來到；凌晨12點、清晨六點街頭巷尾也放鞭炮慶祝新一年的來臨。〔註37〕初一、初二村裡青年於廣場舞龍舞獅，再沿街拜年。但近年人口外流，村裡只剩老人家過年，場面愈顯冷清；只有少數幾家子孫回來團圓拜年。此外，每逢過年、過節，軍方會請康樂隊或放電影來慰勞大家。

仁和村的另一項傳統是，每逢新年元旦早晨，於蔣公銅像前舉行升旗典禮，由自治會長主持。模範眷村事蹟表提及六十九年元旦辦理自強愛國團結升旗典禮，參加人員熱烈、場面浩大。九十六年元旦，筆者也躬逢其盛參與六點半的升旗典禮，由張華春會長主持，張長壽村長、國民黨代表皆蒞臨致詞。村民人手一枝小國旗，站前排手持大國旗者兩三位，升完旗進行精神講話，並高喊中華民國萬歲。升旗過後，筆者也隨隊伍散步環行仁和村外圍一

〔註36〕 楊放採訪整理，《落地生根：眷村人物與經驗》（台北：允晨文化，1996年），頁95。

〔註37〕 潘杏惠／南縣報導，〈二空眷村改建在即　居民憶年味〉，中國時報 A10 版，2007/2/21。

週，最後走回親民黨服務處備有麵包早點、繳回國旗，結束元旦活動。（見附錄五、圖 26，頁 119）

　　早期二空為響應政府對全民運動的宣導，於六十九年九月舉行兩天一夜仁愛社區全民運動觀摩會，是仁和村舉辦的最大型活動，以實踐政府倡導強身強國之目標。運動觀摩會，乃在仁和國小舉行國樂演奏、醒獅隊、童子軍等表演；也於社區活動中心設置文化資料館，展示國畫、書法、緞帶花等社區資料。運動會並有一連串觀摩活動，如至空軍游泳池參觀游泳訓練、參觀社區籃球場、天主教堂打桌球、貿易四村廣場打羽球情形。晚間於長壽俱樂部觀摩國劇、棋社、土風舞；隔天早晨貿易四村廣場示範健身操、太極拳、跳繩、踢毽子等運動。〔註 38〕

　　從上述的仁和村的喪葬祭文、過年習俗，與榮民節、眷村聯誼活動、仁愛社區全民運動觀摩會等大型節慶活動，可看出眷村緊密的情感網絡。一般婚喪喜慶由眷村居民互相幫助，過年習俗也與大陸風俗有所差異，此應與軍眷遷台後居住環境改變，生活清苦，故繁複儀式一切從簡。許多軍民在眷村轉而信奉天主教與基督教兩大外來宗教，日常文化也隨之改變。參與元旦升旗、榮民節與全民運動觀摩會，則是眷村作為軍方管理的社區，所發展出的眷村次文化。不過隨著大環境的轉變，一些活動也隨之變遷，如取消教條式的有獎徵答，也顯示眷村中受到民主風氣的感染。

第三節　宗教信仰與傳統習俗

　　基督教最早於十七世紀西班牙人、荷蘭人佔領台灣時，已隨殖民統治傳入台灣，後來又因殖民者離開而消失。到清道光年間（1859 年），清廷於第二次英法聯軍戰敗，被迫簽訂天津條約，促成台灣府之開港，基督教又藉此來台傳教。〔註 39〕民國三十四年，二次大戰後，台灣脫離日本殖民回歸中國，教會也隨政權轉移而再度變化。到國共內戰尾聲，中共佔據大陸，外籍神父被逐，多人來台傳教。如 1954 年美籍遣使會士華克施（Fr. Leo. T. Fox）及司密斯（Fr. Thomas J. Smith），〔註 40〕華克施神父更是二空「聖母升天堂」的

〔註38〕南縣仁德鄉仁愛社區全民運動推行委員會，〈仁愛社區全民運動觀摩會次序表〉，1980 年，頁 2。
〔註39〕陳梅卿，《高雄縣基督教傳教史》（高雄：高雄縣政府，1997 年），頁 1。
〔註40〕陳梅卿，《高雄縣基督教傳教史》（高雄：高雄縣政府，1997 年），頁 45。

創辦者。

　　仁和村信仰耶穌基督的教堂與教會，主要有舊教（通稱天主教）：「聖母升天堂」——仁愛村6號、新教（通稱基督教）：「二空教會」——仁和村337號與「仁和教會」。（見附錄五、圖 33、34，頁 121）早期教堂與教會都藉由美援給予經濟支援與精神上的支持，如發放麵粉、奶粉、作禮拜等方式，來吸引眷村居民。多年過去，至今這些宗教組織儼然變成眷村的一部份。除日常作禮拜外，遇節慶也舉辦活動或不定期講座，維持與居民教友的情感聯繫。除西方宗教外，仁和村附近也有道教廟宇「保華宮」，還有本省媳婦信仰佛教、一貫道者，台灣的傳統宗教信仰也在眷村出現。

一、天主教——「聖母升天堂」

　　仁愛村的「聖母升天堂」，最早由遣使會美籍華克施神父於民國五十年建立。遣使會，1625 年由聖文生所創，1632 年由教宗烏爾朋八世批准，因當時法國鄉間神父甚少而成立此會，專門在鄉村傳教，注重培植神職人員，曾至北非傳教。1699 年有遣使會士來華供職朝廷，至大陸淪陷時，遣使會已有天津、正定等 11 個教區，400 名中國籍神父，800 名外籍神父。〔註41〕而後因中共據有大陸，外籍神父被驅逐，遂來台傳教。

　　民國三十一年，我國與教廷正式建立外交關係，天主教在臺傳教工作日益發展。目前全省分為新竹、台中、嘉義、台南、花蓮等 5 個教區和澎湖宗座署理區。〔註42〕仁愛村的「聖母升天堂」，經美籍華克施神父於民國五十年創立後，交由台南教區掌理，已歷經三任中國神父——劉文美神父、譚神父（三年）、藺培鐸神父（至今六年）。來自山東的藺培鐸神父，在國共內戰時為了躲避共產黨，於三十七年夏天逃往南方，加入漢口的兩湖修院。兩湖總修院於三十八年四月遷往澳門，藺神父就在澳門住下來，晉鐸後才前來台灣。抵台之初，他先到麻豆做本堂神父的副手，其後經歷的第一個本堂是官田鄉兼大內鄉，再來是大灣、善化、新化，其中新化任期最長，最後於民國八十七年來到二空教堂，任職九年後於九十六年七月退休。〔註43〕

〔註41〕陳梅卿，《高雄縣基督教傳教史》（高雄：高雄縣政府，1997 年），頁 44、45。
〔註42〕陳奮雄纂，宋義祥、鍾和邦主修，《仁德鄉志》（台南：仁德鄉公所印行，1994年），頁 920。
〔註43〕二空教堂，《慶祝二空聖母升天堂 47 週年堂慶暨藺神父晉鐸五十週年金慶感恩彌撒大典手冊》，2004 年 8 月 15 日，頁 25、26。

「聖母升天堂」屬私人土地，不受改建影響。教堂土地建有聖母亭、聖堂、辦公室、修女會、儲蓄社等等。天主堂旁有獨立的德蘭園修女（仁愛傳教修女會），以前辦過幼稚園，現闢為老人照護所。〔註44〕此外尚有仁愛儲蓄社，由教友管理（訂有契約，5 年簽一次租約）。聖母亭是八十九年募款新蓋的，本堂週遭也重新整建過，如舖路、舖磁磚，仰賴教友捐獻 200 多萬；聖母亭花費約 70 萬。教堂的固定作息：每天早上 7：30 作禮拜，禮拜天早上 9：00 主日禮拜，參加者 100 多人，都是仁和及仁愛眷村居民。每月一次教友奉獻自養。每年清明節眷村教友會到聖山參加追思彌撒。與民間信仰最大的不同是，教友不准燒紙，可獻花、果、酒；神父會在現場聚集教友作彌撒，到墳上灑聖水。最重要慶典是每年一次的堂慶——八月十五日聖母升天節，會辦彌撒、聚餐。特殊節日，如復活節、聖誕節，會作彌撒、舉辦園遊會、聖誕晚會。教堂早期曾對眷村居民發放麵粉等補給品，也提供堂前空地讓民眾早晨練劍、打太極拳。〔註45〕

二、基督教——「二空教會」與「仁和教會」

1865 年，馬雅各醫生偕同杜嘉德牧師來台開始宣教工作，迄今已 140 餘年；期間因日本據台影響宣教發展。台灣光復後，外籍傳教士紛紛回台；民國三十八年大陸傳教士為逃避內戰及共產黨統治亦相繼來台，因此傳教事業特別發達。〔註46〕

「二空教會」於民國四十二年草創之初，原屬地方聚會所，後來逐漸發展成獨立教會。聚會所用平信徒經短期訓練後，即派往傳教，禮拜時無主持人，輪流祈禱、唸聖經、見證。二空眷村形成後，信奉基督教的教友在每一主日往台南市中正路國語禮拜堂聚會。來回費時不便。汪忠賢長老建議每週星期三晚上在張岷泉弟兄家中舉行家庭傳福音聚會。此後信仰人數增加，家庭聚會漸容納不下，遂以八百元補償費獲得現址，搭蓋臨時木板紙盒房屋，暫作聚會所，靠教友幫忙克難佈置而成。

〔註44〕 仁和眷村訪談資料，藺培鐸神父訪談內容，2005/4/11，9：30～10：45 分，頁16。

〔註45〕 仁和眷村訪談資料，藺培鐸神父訪談內容，2005/4/11，9：30～10：45 分，頁17。

〔註46〕 參閱陳奮雄纂，宋義祥、鍾和邦主修，《仁德鄉志》（台南：仁德鄉公所，1994年），頁 921。

　　「二空教會」建立後，即有「華亞之聲」的福音機構與衛理公會想吸收本地教會加入其宗派，一概受到二空教會的拒絕。民國四十幾年，教友發起改建會所，成為與眷區一致的克難氏竹架、瓦頂、土牆房屋。當時也有海外基督使團派來的施理音教士協助，工程十分順利，教會也日漸興旺，信奉的教友越來越多。〔註47〕

　　二空教會由小型聚會所發展成標準的地方教會，無差會、宗會接濟，無宗派分別，任何合乎真理原則教會的信徒均可參加，禮拜活動由傳道主持。民國五十四年一場大火，將教會西側燒毀，所以在民國五十七年，汪忠賢長老請內地會台南負責人美籍郭道明牧師出面，向台南空軍基地美軍十三航空隊司令官募款，讓該隊基督徒奉獻基金，以改建教會為鋼筋混凝土建築並添置座椅。當時全教會教友也發動捐獻，於該年改建新會堂。教會於民國六十年後又陸續集資興建傳道人宿舍，及改建主日學樓房，成為現今之規模。教會流動性頗大，尤其以青少年考取外地學校後搬遷，新血年年減少。不過，二空教友數十年中獻身作傳道人者，統計將近二十人，有：劉繼牧師、朱伯江牧師、賈海山牧師、徐京台傳道、呂恩賜傳道及帶職事奉的周逸衡教授、張以諾弟兄、李碧華姊妹等。〔註48〕

　　「二空教會」的傳道影響甚為深遠，如朱伯江牧師小時候過著缺乏父母疼愛的不快樂童年。初中畢業後孤身至北部流浪一個多月，後來在教會裡得到愛與關懷，便受洗成為虔誠信徒。朱牧師軍校畢業後，七十三年五月奉調台南軍人監獄，向犯人傳播福音。七十八年朱牧師開始全職事奉而成為專職的監獄福音工作者。八十八年他當選全國反毒有功人士，接受行政院長頒獎與前總統李登輝先生親自接見表揚。〔註49〕在「二空教會」還有張培君姊妹靠信仰主耶穌而戰勝乳癌；〔註50〕丁仁成執事曾因車禍加腹膜炎病情緊急，也憑藉信奉主耶穌的力量渡過危險手術奇蹟康復。〔註51〕

〔註47〕參閱汪忠賢長老，〈二空交督教會簡史〉，收入二空教會，《二空基督教會四十六週年紀念特刊》，1999 年，頁 6～8。

〔註48〕張雅各長老，〈歷史回顧〉，收入二空教會，《二空基督教會四十六週年紀念特刊》，1999 年，頁 14、15。

〔註49〕朱伯江牧師，〈蒙恩與事奉〉，收入二空教會，《二空基督教會四十六週年紀念特刊》，1999 年，頁 56～66。

〔註50〕張培君姊妹，〈主耶穌幫助我戰勝乳癌〉，收入二空教會，《二空基督教會四十六週年紀念特刊》，1999 年，頁 90～92。

〔註51〕丁仁成執事，〈醫治的主〉，收入二空教會，《二空基督教會四十六週年紀念特

　　由上述可知,「二空教會」屬地方教會性質,教友多是眷村居民與空軍士兵,所需費用靠教友奉獻。對信仰主耶穌的眷村居民而言,教會是十分重要的宗教精神力量的來源。教會也發放奶粉、麵粉、豆子等補給品,對眷戶生活提供食物支援,教會還舉辦過國語識字班、英語教學班、吉他班、插花班等多項活動,與眷村居民進行實際情感交流。「二空教會」現今主要由兩位長老負責傳道與教會事務:徐京台長老(全職),及另一位帶職長老。

　　民國五十五年從「二空教會」分出「仁和教會」,因其有些習慣與長老會較接近,所以後來變成南門路長老會的分會。二空和仁和教會互有來往,有些聯合聚會,如姊妹會一個禮拜在二空教會,下個禮拜在仁和教會舉行。另外還有聚會所位於籃球場旁,人數較少,以大家聚會共同講道、分享爲特色。因應眷村改建,仁和教會已在長東街建立長東分堂;二空教會因沒有居住証,所以擇地於保華路 279 巷 2 號另蓋新教會。〔註52〕

　　目前由兩位長老主持的宗教活動:週日有「兒童主日學」(講聖經故事、唱詩歌);「主日禮拜」(國語,約 6、70 人);下午是台語崇拜;晚上有「擘餅聚會」;平日早上晨更祈禱;星期三「查經聚會」。主要節日——復活節、聖誕節都會舉辦活動,如彩繪復活蛋。

　　每年「二空教會」舉辦的定期活動——暑假兒童夏令營,爲期一週,每天下午免費到糖廠參觀活動,現在參與者約 5、60 人;青年人夏令營,與大林、仁和教會合辦,一年一次,爲期一禮拜;曾經到六龜孤兒院、關仔嶺小學、遠東工專等地舉行。以前教會曾針對眷村民眾開過國語識字班、英語教學班、吉他班、插花班等,還有不定期舉辦免費的開放講座,如彭婉如基金會——老人關懷講座;台電——用電宣導;新樓醫院——健康講座,以維持教會與眷村居民生活的往來交流。〔註53〕

三、道教——「保華宮」奉祀保生大帝

　　「保華宮」位於仁和村旁的成功村保華路上,主祀保生大帝,副祀中壇元帥、吳府千歲,陪祀福德正神、註生娘娘。廟裡主祀之保生大帝神像,爲

刊》,1999 年,頁 74、75。

〔註52〕仁和眷村訪談資料,徐京台長老訪談內容,2005/3/21,14:30～16:00 分,頁 15。

〔註53〕仁和眷村訪談資料,徐京台長老訪談內容,2005/3/21,14:30～16:00 分,頁 15。

鄭氏祖先鄭日由漳州奉請神像隨鄭成功渡海來台，原奉祀於鄭氏祖厝，後因頗靈驗，且於二次大戰期間保佑附近居民，戰爭結束即有立廟之議，但因經濟蕭條暫緩建廟。〔註54〕

民國六十二年，居民經濟生活改善，鄭氏家族捐出地產作為保華宮廟地，於民國六十三年一月動土，六十五年十月完工慶成。「保華宮」為一閩南式兩殿建築，廟地共計約一甲餘。民國六十七年十一月舉行慶成建醮大典；七十八年五月舉行祈安清醮。〔註55〕每年農曆三月十五日保生大帝聖誕和九月初中壇元帥祭祀，廟方都舉辦盛大慶典，邀請歌仔戲團表演，並擺設流水席請客。

廟方不僅服務鄉里，七十年代也創設高中、大學組獎助學金，更於七十五年六月一日成立「保華宮慈善基金會」。第一屆會長由吳辛福先生擔任，副會長為張中立先生。到八十年代已有會員二百七十人，每月會員繳交兩百元以上的會費，作為急難救助基金之用。〔註56〕八十年代「保華宮」信眾達三千五百餘戶。雖信眾多為「成功村」居民，但仁和村具有地緣關係，遇有重大建醮慶典與一年一度的祭祀請客活動，仁和村居民也常參與其中，如去觀賞歌仔戲團表演或去吃流水席。仁和村居民也有些老住戶參加「成功社區」之元極舞研究會，每天早晨聚集於保華宮前廣場跳元極舞作運動。

四、傳統習俗

眷村軍民遷台之前，在大陸家鄉都有各自不同的傳統習俗。但當他們提著一只箱子、帶著軍被，住進眷村後，傳統習俗很難維持下去。以筆者自家為例，在仁和村沒有祖墳祖先牌位可供祭拜，只能在一張紅紙上寫著「楊家歷代祖先」，把紙貼在牆上遙祭祖先。隔壁的索婆婆以前住在北京，家鄉過年要供月餅、拜全神圖，盤子上疊五個月餅（從大到小），上放壽桃再插一朵花，桌上放香爐、佛燈，燒香拜拜。來台初期她什麼都不拜，只燒紙錢給祖先；後來看人家拜就跟著拜，說是入境隨俗。眷村生活清苦，過年拜菩薩，

〔註54〕陳奮雄纂，宋義祥、鍾和邦主修，《仁德鄉志》（台南：仁德鄉公所，1994年），頁972。

〔註55〕陳奮雄纂，宋義祥、鍾和邦主修，《仁德鄉志》（台南：仁德鄉公所，1994年），頁972。

〔註56〕陳奮雄纂，宋義祥、鍾和邦主修，《仁德鄉志》（台南：仁德鄉公所，1994年），頁972。

桌上主要供奉水果，其餘看家裡有什麼就擺什麼。（如糖果、汽水）丈夫去世之後，才在每年清明上墳供紙，開始拜祖先，桌上供六樣素茶水果；搬到全福新村後，看到本省人鄰居七月半拜拜也跟著拜。

　　本省媳婦有自己的信仰習俗。五十九年從台南市嫁來二空的吳媽媽，一直信仰一貫道，自家也設佛堂拜觀音菩薩，週末至台南市德東街的大佛堂聽課。〔註 57〕六十年從台南市嫁過來的熊媽媽，虔心信仰佛教，平時常至崇學路的普佛精舍拜拜。〔註 58〕五十八年嫁給山東外省軍人的劉媽媽，也是信佛教，每逢初一、十五在家燒香拜拜，唸阿彌陀佛，並沒到外地參加宗教活動。〔註 59〕

　　由上述一連串的宗教活動可知，天主教與基督教與眷村長期往來互動頻繁，成為部份眷村居民重要的心靈依靠，也可促進鄰里間的熟悉與發揮互助功能。而眷村居民在傳統習俗方面多因時、地制宜。來台住進眷村後，因生活刻苦，祭拜儀式、供品都加以簡化，日後也吸收了台灣的祭拜習俗。

第四節　眷村的飲食文化

　　眷村匯聚了來自大陸不同省份的居民，飲食習慣也各有特色。本節從眷村平時飲食生活與特色小吃的變遷，來看眷村文化的傳承與改變。

一、眷村居民的家常飲食

　　初期眷村生活不便。由於水源來自水井、二個打水機，打起來的水有水鹼，味道不好。煮飯也很辛苦，需燒煤球、煤炭起灶煮食。民國六、七十年後，因副業補貼，眷村媽媽們開始買電鍋、瓦斯爐煮飯。政府遷台後，顧及軍眷清苦生活而實施一連串優惠措施。以空軍為例，如糧票補給、子女唸空軍子弟小學免學費、空軍醫院看病免費等。最重要的是飲食方面，每月分配糧票，分大、小口軍人眷屬身分補給證兩種，大口授予軍人及配偶身分。以七十九年為例每月配給米 9 公斤、油 1 公斤、鹽 0.5 公斤、眷米代金 75 元。

〔註 57〕仁和眷村訪談資料，侯吳良子女士訪談內容，2007/6/3，9：00～9：30 分，頁 20。

〔註 58〕仁和眷村訪談資料，熊黃淑惠婆婆訪談內容，2007/6/2，8：00～8：30 分，頁 21。

〔註 59〕仁和眷村訪談資料，陳淑真女士訪談內容，2007/6/3，8：30～9：00 分，頁 22。

小口則授予軍人子女，每月配給米 2 公斤、油 500 克、鹽 250 克、眷米代金 50 元。眷補證主要配給白米、油、鹽；早期還配給煤炭、麵粉；日後折成食金附於終身俸內。〔註 60〕由於政府補給基本飲食原料，早期軍眷生活拮据為了省錢，所以早晚三餐幾乎都由自家包辦，眷村內各省名菜匯聚，媽媽們煎煮炒炸樣樣精通。

　　以往在大陸故鄉過年，軍眷們的傳統飲食文化各不相同。如王婆婆來自四川，過年時，家裡需殺一隻豬，醃一個半月再薰鍋爐掛倉庫，準備吃一年。〔註 61〕但在台灣眷村中，自家灌製香腸臘肉，在門前曬乾後再各家分送共享，變成新的過年特色習俗。直到快改建的九十六年，眷村街上仍是三、五步就出現一排竹竿掛香腸、臘肉。（見附錄五、圖 35，頁 121）仁和村常見的有豬肉香腸、臘肉與黃澄澄的素豆腐香腸，各家口味不盡相同。每家過年飲食、祭拜習俗多少有所差異。如李婆婆過年供奉豬頭、雞，還會煎豆腐祭拜祖先。張村長過年時，也會自己搓麻花、花生糖、灌香腸、臘肉、做年糕和醃雞。村裡北方人過年吃水餃，在水餃裡包錢，吃到錢幣就有發財吉祥好兆頭。南方人過年吃年糕，廣東人過年作千層糕吃、江蘇人自己做寧波年糕吃。四川人過年灌川味辣香腸、平常還做甜酒釀、豆腐乳吃。

　　村裡逢年過節會包粽子、搓麻花、做花生糖、年糕。索婆婆剛來台時吃的都隨便煮，等眷戶熟悉後就作年糕各家分送、端午節也一起包粽子。在大陸吃的粽子是甜的，糯米裡只包紅棗，再拌糖吃；台灣做的粽子都是鹹的，包花生米、豬肉，飲食有些變化。二空的駱駝牌冰棒更聞名一時。現今村長涼麵也吸引不少美食節目錄影介紹。外省風味的金門館一到週末更是賓客滿座。不過鄰居送菜互嚐的熱情氛圍已然消失，大多只剩老夫婦倆，從豐盛飯餚改吃清粥小菜了。

　　二空也有從台南市、綠島等地嫁過來的本省媳婦。她們的飲食習慣與眷村不同，但多少也接觸眷村小吃；有些人變成以外省口味為主。在嘉義出生的章女士，嫁到二空後，仍愛吃炒米粉、羹麵等本省飲食，不過早餐也吃眷村的陽春麵；侯媽媽在市場街上賣廣東粥、雞蛋糕，因為信一貫道吃素，都自己煮菜，她覺得不管本省外省菜都好吃。而台南人的熊媽媽，六十年左右

〔註 60〕仁和眷村訪談資料，康淑英婆婆訪談內容，2005/2/12，8：30～9：50分，頁 6。

〔註 61〕仁和眷村訪談資料，王遠華婆婆訪談內容，2005/2/11，13：00～14：20分，頁 3。

嫁來眷村後，與丈夫合開駝峰商號。她不喜歡本省口味偏甜，現在習慣吃眷村口味，還向眷村媽媽們學作涼麵、甜酒、香腸等外省小吃來賣。她在過年也依外省習俗煮水餃給全家吃。

二、眷村小吃

現今眷村內最有名的飲食是涼麵和金門館，（見附錄五、圖 22、23，頁119）早餐則吃陽春麵、涼麵、大餅、燒餅、包子饅頭、煎餃、鹹豆漿。大餅、燒餅與饅頭在國共內戰中，就是軍隊不可或缺的補給食物。以徐蚌會戰為例，國軍失敗後，杜聿明將軍戴著龐大部隊向南突圍，空軍少將劉毅夫便發動慰勞總會的人，把各飲食店所有的大餅、燒餅、麵包、饅頭都買下，送往機場空投陳官莊。當時有十幾萬軍隊，一、二十萬民眾，只靠空投供應食物，〔註62〕可知大餅、饅頭等是外省軍民戰時的重要食物，後來軍眷們把這些食物帶進眷村，成為現今的眷村美食。

不過近幾年，村內也開設美芝城、魯味屋等非外省口味。還有來自西螺的台灣媳婦開麵店，賣陽春麵與肉羹；台南人的侯媽媽也在菜場街上賣雞蛋糕，代表飲食發展趨多元化且與本土稍作結合。二空自五十幾年就有人賣涼麵了。現今有名的村長涼麵在民國五十五、五十六年開店營業，最初是由媽媽賣，後來便由身為第二代的村長接手生意。

也有蔡占榮民製售早餐食品，另有劉太太烹煮素食餐販售。〔註63〕眷村飲食屬外省口味偏好麵食，與台南本地喜甜味、吃羹等飲食風俗大不相同；其本身又包羅不同省份之特色，如四川味、湖南臘肉等，二空有一家湖南陳光照榮民有一手湖南臘肉、香腸、雞腿絕技聞名全省眷村，遠道訂貨，尤其年節搶購一空、時不應求。還有一位梁玉成榮民先生，也有家鄉口味技術，四川霉豆腐，尤其軍中老長官大部份是三十八年由四川省隨空軍播遷來台，二空有名霉豆腐，聞香下馬，讚不絕口。故本眷村的飲食文化多元，獨具特色。

從仁和眷村的特色飲食與小吃、媽媽拿手菜可看出，眷村匯聚來自大陸各省份的飲食文化。菜市場旁還有台灣媳婦開設的麵店，加上路邊雞蛋糕、

〔註62〕劉毅夫，〈徐蚌會戰與首都淪陷〉，《傳記文學》，第 35 卷第 1 期，206 號，
　　　　1979 年，頁 107～108。
〔註63〕仁和眷村訪談資料，張長壽村長訪談內容，2005/4/25，10：00～11：30 分，
　　　　頁 17。

沙嗲攤、美芝城西式早餐店的進駐，可看出眷村近年與本地、外來文化的融合過程。眷村因機能完整，又生活物價水平與鄰近都市相比，較爲實惠便利。且近年空屋增多，故吸引低收入的不同族群進駐生活，這也是受人口外流、眷村沒落的影響所致。

第五節　政黨與族群的認同

回顧眷村政黨認同的專題論文研究，如：梅再興〈高雄市左營眷村選民投票行爲之研究——民國七〇年市議員選舉與民國七十二年增額立法委員選舉之比較〉、〔註64〕林佳龍〈國民黨與民進黨的群眾基礎：台灣選民政黨支持的比較分析（1983～1986）〉、〔註65〕楊雙福〈高雄縣眷村榮、家族群投票行爲研究——以2001年立法委員選舉爲例〉，〔註66〕都對眷村的投票行爲或認同作一深入研究。本章第二～四節已討論仁和眷村宗教、習俗、飲食文化方面的認同，本篇希望從國家認同著手，藉由八十～九十年代仁和村的五次選舉結果分析，以了解村民對政黨與族群的認同。

仁和村第一代軍眷跟隨國民政府撤退來台。因本身軍人職業受大量愛國觀念薰陶，又由於軍民遷台後失去大陸家族依靠，只能依賴國民政府生活，他們也是一路相信國民政府軍，才能從熬過艱辛慘烈的抗日戰爭與內戰。所以來台後一般都加入國民黨。從歷年選舉投票情形尤其可看出眷村忠誠的政黨認同。如八十年十二月第二屆國民代表選舉，仁和村投票數985張，投票率77.44%，國民黨候選人二號宋煦光拿下843張選票當選。八十一年十二月第二屆立法委員選舉，本村投票數995人，投票率77.67%，由四號候選人高育仁囊括703張選票當選。第11屆中央民意代表與縣長選舉，立法委員部份投票數948張，投票率約78%，八號洪玉欽拿下611張選票；縣長部分投票數1,023人，由三號李雅樵囊括976張奪魁。八十三年十二月台灣省長選舉，實投票數994，投票率78.64%，由三號宋楚瑜拿下878張選票當選。九

〔註64〕梅再興，〈高雄市左營眷村選民投票行爲之研究——民國七〇年市議員選舉與民國七十二年增額立法委員選舉之比較〉，國立中山大學中山學術研究所碩士論文，1985年。

〔註65〕林佳龍，〈國民黨與民進黨的群眾基礎：台灣選民政黨支持的比較分析（1983～1986）〉，國立台灣大學政治學研究所碩士論文，1987年。

〔註66〕楊雙福〈高雄縣眷村榮、家族群投票行爲研究——以2001年立法委員選舉爲例〉，國立中山大學政治學研究所碩士論文，2002年。

十一年六月第 17 屆村長選舉，實投票數 616，投票率 57.46%，由一號張長壽獲 330 張選票支持當選。九十四年第 15 屆縣長與 16 屆縣議員選舉，本村投票數 692 張，投票率 66.41%，其中 607 票投給國民黨籍候選人 1 號郭添財（敗選），31 票投給當選人民進黨籍蘇煥智；縣議員選舉，本村投 580 票給國民黨籍 8 號吳健保，其總得票數 10,716 為當選者中第三高。〔註67〕（見附錄五、圖 38，頁 122）

　　上述除張長壽村長、吳健保議員為仁和村第二代眷村子弟外，其餘宋煦光、洪玉欽、李雅樵皆「藍軍」深耕地方代表，深受本村居民支持。本村八十年代超過七成的高投票率，至九十年代仍高於五成，且幾乎一面倒支持「藍軍」候選人，充分顯示出眷村居民高度關心政治與特定的深藍政黨認同傾向。不過，這也驗證另一觀點，眷村的封閉性構築成一個穩固的鐵票區，竹籬笆內不但是後天人為，被形成隔離的社區，在意識形態上也呈單一的執著，成為軍方在政治上的「眷區鐵票」。〔註68〕另有一方看法，認為多年來國民黨為政治利益刻意營造眷村社會、眷村族群，此種藩籬使眷村人向大社會的發展，是很不利的。他們的國家觀、歷史觀，都是由國民黨報和軍報提供灌輸的。即使憲法第 138 條規定，全國陸海空軍，須超出個人、地域及黨派關係以外，效忠國家，愛護人民。〔註69〕忠誠國民黨的態度在眷村第一代是顯而易見的；像是仁和眷村居民 90% 以上曾加入國民黨。八十九年宋楚瑜選總統，還有 200 多位婦女加入親民黨，他們遷台前後都一心支持國民政府。冷戰以來的氛圍讓他們衷心支持國民黨；也長期寄望在國民黨領導之下，回到大陸。〔註70〕如今綠營執政，軍眷們對政治頗多異言批評，不過目前最感憂心的還是眷村改建問題。而且眷村第二、三代早走入社會，踏出眷村的他們，自然為眷村更多元化的民主作出一番貢獻。改建後，此種藩籬與隔絕的眷區，將走入歷史，眷村文化必面臨更大的衝擊。

　　眷村居民支持國民黨，是否代表他們的省籍認同呢？其實並不必然，族

〔註67〕台南縣選舉委員會編印，《94 年地方公職人員選舉候選人在台南縣各投開票所得票數一覽表》（南縣選委會，2005 年），頁 28、88。

〔註68〕「外省人」台灣獨立協進會編，《外省人台灣心》（台北：前衛出版社，1993年），初版第三刷，頁 190。

〔註69〕「外省人」台灣獨立協進會編，《外省人台灣心》（台北：前衛出版社，1993年），初版第三刷，頁 196～197。

〔註70〕指導老師張四德教授撰述，2007 年。

群認同問題對眷村軍民來說，眷村是移民所造成的新族群環境，除了提供結構性失憶〔註71〕滋長的溫床外，也往往促成原來沒有共同「歷史」的人群，以尋根來發現或創造新的集體記憶，以凝聚新族群認同。〔註72〕此處結構性失憶指忽略眷村居民來自不同省份的差異，而視為同樣來自大陸。結構性失憶與認同變遷，在外省第二代中更普遍。第二代外省人由於缺乏記憶大多無法也不願對下一代提起家族在大陸的歷史。戶籍法修訂以出生地取代祖籍，在沒有受阻下被大眾接受。其中影響最大的是外省第二代，這使得他們唯一無法改變的族群符記，祖籍，被取消。從此外省第二代與本省人間的族群邊界開放，一個人很容易以改變語言腔調與自稱來達成認同變遷。〔註73〕

王甫昌在1991年「社會意向調查」，比照張茂桂與蕭新煌在1987年對大學生做自我認定測量時的問項，請受訪者勾選下列六選項中最能代表自己想法的說法：1.我是中國人 2.我是台灣人 3.我是中國人也是台灣人 4.我是台灣人也是中國人 5.中國人台灣人，或台灣人中國人沒有差別 6.其他。分析結果，選2、3項為「認同中國」者（23.4%），選1、4項為「認同台灣」（26.9%），選5、6項為「無所謂」（49.7%）。外省人的族群認同按比例高低依次是中國、無所謂、台灣；本省人則是無所謂、台灣、中國。這說明外省人一般而言還是較在意省籍問題。〔註74〕

眷村的軍眷們原本在蔣介石統領下對日抗戰、內戰中又跟隨國民政府遷台，所以軍眷們都帶有愛國意識，並且效忠國民黨。國民政府在遷台後，仍堅持要率領軍隊反攻大陸收復失土，眷村軍民們也期待短期內返回家鄉，此乃人之常情。這股對國民黨的支持認同，從八十至九十年代仁和村的選舉投

〔註71〕「結構性失憶」名詞，主要源於英國人類學家古立佛（P. H. Gulliver）的研究。他研究非洲 Jie 族的親屬結構時，觀察到 Jie 族的家族發展，多由特別記得一些祖先及忘記另一些祖先來達成；他稱此為「結構性失憶」。轉引自王明珂，《華夏邊緣：歷史記憶與族群認同》（台北：允晨文化，1997年），頁45。原文見 P.H. Gulliver, *The Family Herds: A study of Two Pastoral Tribes in East Africa*, the Jie and Turkana, 108-17。

〔註72〕王明珂，《華夏邊緣：歷史記憶與族群認同》（台北市：允晨文化，1997年），頁58。

〔註73〕參閱王明珂，《華夏邊緣：歷史記憶與族群認同》（台北市：允晨文化，1997年），頁398。

〔註74〕王甫昌，〈省籍融合的本質——一個理論與經驗的探討〉，收入《族群關係與國家認同》（台北：業強出版，1996年，初版三刷），頁85～87。

票結果中，就可十分清楚看出持續支持國民黨的趨勢。

　　不過眷村的榮民伯伯們，由於民國八十九年的總統大選變天由綠色執政，他們普遍對原執政的國民黨感到失望，更希望國民黨能重新振作。這一路的心情轉折從八十九年三月十八日總統大選結果公佈的晚上，大批人群聚集總統府前抗議，到九十四年各眷村居民包車北上參加施明德號召紅衫軍於總統府、火車站前的靜坐示威行動皆可看出。當初他們跟隨國民黨政府遷台，因為國共內戰不得不離鄉背井頓失家庭依靠，住進眷村奉獻一生戎馬生涯。大陸軍民來台後，所能依賴的只有國民政府，政府也給他們房子住，每月還補給米油鹽等基本飲食，對此他們是心存感激的。他們因自身的軍人背景與早年遭遇，才一直這般熱烈支持國民黨，對於國民黨耽於安樂而腐化的現象，他們也付諸實際行動要求革新，希望重返昔日青天白日般的光榮。

　　筆者自仁和村的訪談過程中，發現除眷村第一代較認同中國文化外，其實許多第二代自認既是中國人也是台灣人。因為他們在台灣生長、受教育至成家立業。或許他們的祖先來自大陸，但他們對台灣這塊土地的認同卻也不輸本省人。這正符合施正鋒所提：或許將來會發展出「雙重的政治民族認同」。〔註 75〕近年來國人取得雙重國籍者日盛，且全球化發展下，「離散」的情況普遍，也就是居於異鄉，卻關心家鄉的安危。而中國代表的是文化、歷史、血緣上的「文化中國」，許多人是文化認同中國、政治則認同台灣。其實在不危害國家安全上停留在信念的層次，某種雙重的政治民族認同，應該可以認真加以考慮，以代表多元文化的台灣認同。（參考圖六、多元文化的台灣認同示意圖）〔註 76〕

〔註 75〕施正鋒，〈台灣社會各族群平等關係的建構〉，收入《台灣族群政治與政策》（台中：新新台灣文教基金會，2006 年），頁 14～17。發表於行政院原住民族委員會主辦「台灣原住民族族群文化與發展會議」，台北國立師範大學教育大樓，2004/8/10。

〔註 76〕施正鋒，〈台灣社會各族群平等關係的建構〉，收入《台灣族群政治與政策》（台中：新新台灣文教基金會，2006 年），頁 14～17。發表於行政院原住民族委員會主辦「台灣原住民族族群文化與發展會議」，台北國立師範大學教育大樓，2004/8/10。

圖六　多元文化的台灣認同示意圖

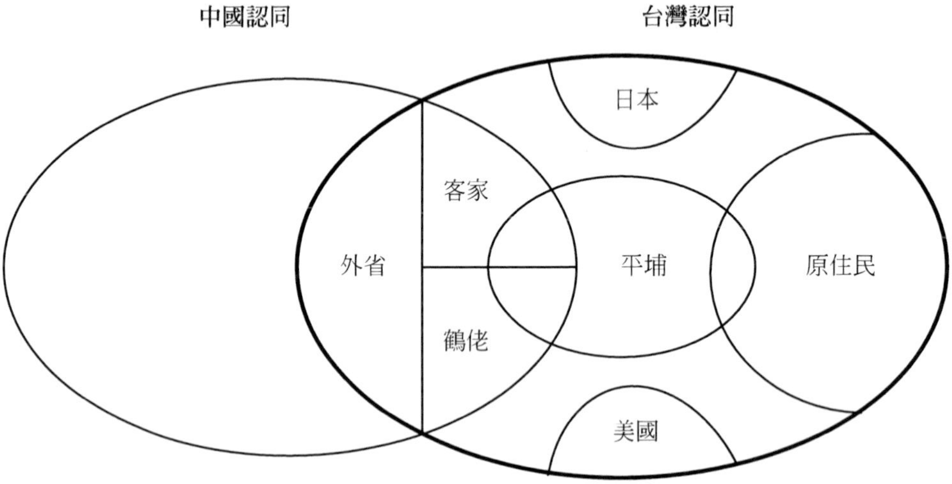

中國認同　　　　　　　　　　　　　　台灣認同

日本

客家

外省　　　　　　平埔　　　　原住民

鶴佬

美國

引自施正鋒，〈台灣社會各族群平等關係的建構〉，收入《台灣族群政治與政策》（台中：新新台灣文教基金會，2006 年），頁 16。

第五章 仁和村的改建

第一節 決定改建與準備經過

　　在談改建前，筆者不禁自問：改建真是眷村的盡頭嗎？在《台灣眷村小說選》序言〈眷村的盡頭〉中，對眷村的未來存續表露擔憂。其言：「二次大戰以來有一種書寫的傳統，戰爭造成的移民使流放者身心烙上永遠的傷痕，海明威的西班牙戰場、薩伊德的巴勒斯坦……而我們，眷村。這些人在原本應該安身立命的地方流浪與衝突，漫無目的的遊盪，失去座標，……時時刻刻宜乎問：鄉關何處？」〔註1〕文中不僅指出眷村文學所傳達的特殊時代、精神意義，作者也提出眷村改建後終究可能會整個失落，但她心目中「眷村的盡頭」，是指家國的忠貞。就筆者身為眷村第三代的心態而言，眷村的具體建築雖會隨著改建而消失，但眷村共患難培養出的情誼和文化精神將永存於眷戶心中，這也是眷村文學家與眷村子弟、文史工作者如此決心保存文化的原因。

　　經由地方向國防部力爭，國防部才以委託縣市代辦方式，將二空改建案列入補助對象。民國九十四年三月五日中華日報記載，前台南縣議長吳健保陪同國防部代表等人，拜訪台南縣長蘇煥智，他表示，國防部早於九十二年七月三十一日正式簽約委託縣市代辦，但至九十四年三月台南縣政府推動眷村改建仍無明顯進度；地方眷村住戶深表不滿。吳健保前議長為此要求蘇縣

〔註1〕 蘇偉貞，〈眷村的盡頭〉，《台灣眷村小說選》（台北：二魚文化，2004 年），頁 12。

長多關心弱勢族群。〔註2〕

　　有關二空眷村的修建工程早在民國五十六年就已提出。民國五十六年三月台南空軍醫院高上校呈報空軍總部：仁和村有98戶半磚牆木架瓦頂構造的眷舍需拆建或翻修，其中92戶眷房每戶中間用竹泥牆搭建，水泥瓦則是一半新瓦、一半舊瓦，木料部分是利用火箭尾木箱，此為四十四年由官兵們克難自建而成。至五十六年這類眷舍樑柱已遭蟲蝕腐朽，還有牆破漏雨等安全問題。〔註3〕不過由於眷村改建需3／4以上住民連署同意才得以進行，二空改建因而遲遲無法定案。

　　民國九十年代由於眷舍窄小、老舊蛀蝕，因應眷改條例的實施，加上當地眷村第二代吳健保議長的努力推動下終於進入改建的準備階段。二空眷改土地總計21筆，面積近十公頃，由國防部提供委託台南縣政府代辦改建；住宅需求計一千一百六十五戶，每坪工程造價以六萬元為限，總工程造價超過30億元，是縣府歷年來工程經費最大的案件。九十二年七月三十一日於縣府舉行改建簽約儀式時，二空新村居民搭乘3部遊覽車趕來與會；為改建奔波的民意代表、自治會成員也均與會，縣議會議長吳健保也以貴賓身分列席。蘇縣長則表示，縣府已在鄰近執行台南都會公園計畫，將有一座亞洲最大的奇美博物館園區，面積四十公頃，由二空散步就可抵達，規劃中的南瀛綠都心輕軌系統計畫，可讓二空交通更為便捷。〔註4〕

　　九十二年八月二十六日，軍眷服務處及空軍443聯隊代表，舉行台南縣「二空新村改建基地」第一階段改建說明會，提出改建方式採拆掉仁愛村，出售其土地，將仁和村及貿易四村改建成12層公寓大樓，每樓高3米2。眷村改建的房型分28坪、30坪（中校）、34坪（上校），一坪6萬元，30年低利貸款。眷戶搬家時由政府補助一萬元，房租每月六千元；改建房價政府補助80%，眷戶自籌20%；預計完工或抽籤日期是九十八年六月。經過第一階段表達意願決定改建後，九十四年九月六日～十月六日進行地質鑽探工程；十月七日舉行第二階段說明會，展示初步計畫案，與會代表：國防部軍眷服務處副處長（張上校）、眷服處法制官魏中校、眷服處政參官覃中校、眷服組

〔註2〕陳佳伶／新營報導，〈二空眷村改建慢　議長急〉，中華日報，2005/3/5。

〔註3〕台南空軍醫院院長空軍上校高乘風，〈呈報老舊眷舍整修資料調查表〉，1967/3/23，頁2。

〔註4〕張淑娟／新營報導，〈二空子弟新厝夢後年成真〉，中華日報，2003/8/1。

科長劉上校、中華顧問工程司代表。〔註5〕

　　中華顧問戴工程師，針對規劃草案提出報告要點：二空村改建基地位於仁德鄉牛稠仔段，土地管理機關是國防部政治作戰局，依循變更仁德、文賢地區都市計畫土地使用管制要點來作規劃設計。基地範圍呈L型，共有29筆土地，內含8米的道路用地，包含保華路、自強路等。建地主要分為A、B、C三區，A基地規劃5棟，每棟14層樓高；B基地8棟，樓高從11～14層；C基地共5棟，樓高14層；總規劃戶數928戶。（見附錄五、圖36、37，頁121）另外公開標售住宅34戶。目前規劃總量962戶。改建規劃主要原則採超大街廓開發原則——建築物盡量連接建區配置，中間規劃成大型廣場、大公園。另採人車分離動線，中間大廣場不允許車子進出。基地規劃皆帶入安全監控理念，各基地有警衛室，還有管理站的交誼室。完工後預估九十七年六月進行驗收。到九十七年底整個工程告一段落。另在整區規劃手法上，有防音設施計劃，如屋頂花園、陽台作花台，植栽可助吸收航空噪音，地面開放空間也有大樹等。綠建築規劃也將落實，依法規需至少通過4項指標，如日常節能、水資源保護等，將來都會落實規劃。下一步統包工程至少達到生態保護、節約能源、綠化、水資源節約等指標。〔註6〕

　　軍眷服務處上校政戰官陳家志重點補充：本初步設計非最終設計成果，在徵得統包商後，會由統包商建築師作建築圖和建造申請。這次說明會之後有30天變更選項期間，若原先認證5項要改（如原來要新房子改為領錢）需30天內完成認證，送交自治會或列管單位443聯隊。另說明自費增坪問題、若要選購市場成屋需注意事項、違佔建戶的補償等。〔註7〕

　　第二階段第二次改建說明會，於九十五年七月二十九日（六）九點三十分～十一點三十分二空眷村仁和國小禮堂舉行，參與者張華春會長，立法院李全教委員，吳健保議長，聯隊唐主任，縣政府科長及中華顧問團隊；主要說明組織改隸與最新規劃案部份。首先由國防部軍備局工程營產處黃上校，報告眷改業務的調整及聯繫的窗口。眷村改建在八十五年二月5號條例通過

〔註5〕參閱〈二空眷村改建第二階段第一次說明會記錄資料〉，2005/10/7（五）14：00～15：30。
〔註6〕參閱〈二空眷村改建第二階段第一次說明會記錄資料〉，2005/10/7（五）14：00～15：30。
〔註7〕參閱〈二空眷村改建第二階段第一次說明會記錄資料〉，2005/10/7（五）14：00～15：30。

後執行到現在，眷戶的業務整合困難，因房地產不景氣造成眷改土地價格低，根據種種原因造成改建的進度有點延誤。為了有效精進眷改的工作效能，從今年七月一日起由軍備局統一承辦所有的眷改業務，藉由專業單位統一指揮與管理希望能加速改建。軍備局是國軍營建工程跟不動產的專業單位，具有工程諮詢及執行的專業科技及工程專業人才，對眷改工作有正面的附加價值。〔註8〕

中華工程顧問公司代表就最新規劃案報告：興建需求經過最後得到的第二次反應結果，在 34 坪方面有 82 戶，30 坪方面有 305 戶，28 坪方面有 306 戶，26 坪有 60 戶，其他屬違佔戶和標售戶型，總計有 810 戶。

最後提出仁和村改建的最新進度，民國九十六年三月三日台南縣政府正式將二空改建工程決標發包給台南市猛輝營造公司，已通知眷戶八月十六日前搬遷。預計完工或抽籤日期九十八年六月。

第二節　居民對改建的反應與調適

眷村老一輩原本不願意改建。改建會使得環境改變，居民間的隔閡增加，而且老年人爬樓梯也會增加許多生活的不變。現今的眷村環境，居民彼此熟悉常可以互相照顧。但是每當颱風打雷暴雨後，人人又都希望眷村可以儘早改建，因為風雨造成房子漏水，窗門易壞，木材也容易被蟲蛀。所以早期同意改建的眷戶遲遲無法超過總數 85%的高門檻，直到九十年代才確定進行改建。

但眷村改建進度牛步，不僅身為眷村第二代推動改建者的吳健保前議長心急，有一位居住 46 年的退伍老兵眷戶李維國先生還特別於九十五年十一月十四日親筆撰寫〈二空新村眷戶生活環境簡介〉並附上模範眷村事蹟表及二空自治會簡報 2 文件，由張華春會長呈交 443 聯隊林少校。7 頁內容中除敘述二空生活點滴與特色，更表明殷切期盼改建期限不應一拖再拖，以免年邁高齡眷戶心情不靜忐忑不安！承辦改建中基層工作人員心中積滿壓力！〔註9〕的確，自九十二年確定改建並舉行第一、二階段說明會後，延至九十五年七月才進行第二階段第二次說明會。但說明會中，主席居然表示二空已經算幸

〔註8〕參閱〈二空眷村改建第二階段第二次說明會記錄資料〉，2006/7/29（六）9：30～11：30。
〔註9〕眷戶李維國，〈二空新村眷戶生活環境簡介〉，2006/11/14，頁 7。

運了，整個眷村改建只剩下 8 個基地沒有導入，還不知何時拆建。而台北卻有改建案發包 1、20 次仍未動工的。幸而九十六年三月台南縣府已決標發包，待八月搬遷拆建，離完工成果不遠矣。〔註10〕

　　現今的眷村，是一個缺乏生氣且已老化的社區。雖然第一代的父母不會離開眷村，但第二代眷村兒女們因空間不足而去外地讀書、工作、成家。改建後老眷戶們都希望年青人口能夠回流，全家同住。最初眷村的住戶只有 8 坪，眷戶後來都自行加蓋，樓上以木板隔層才敷使用。改建後最小的房型也有 26 坪，加上公共設施後為 42 坪，居住環境也更寬敞而舒適便利。

　　在前後三次的二空改建說明會中，眷戶們也提出許多關注意見及相關建議。例如，眷戶十分注意與眷改資訊有關的溝通管道，如國防部公佈眷村改建訊息的的網站。有眷戶質疑為何網站上二空的改建訊息沒有持續更新，例如：網站資訊原本預定二空六月一號拆遷，九月一號開始興建，後來又延後；可是網站從來沒有更新過。國防部代表回應，每一個眷改工地的網頁都有，二空資訊沒有更新可能是疏漏了，將來會更注意網頁更新。〔註11〕

　　其次，眷村改建完工期限一再延後，從九十二年八月二十六號第一次改建說明會開始，到九十五年還沒動工。延遲造成了許多困擾，例如改建資料表上註明，房屋售價只是參考值；而一再延後，將會加重眷戶的負擔。眷戶認為承辦單位，尤其國防部應考慮二空眷村有 90% 退伍人員，經濟負荷沉重。國防部軍備局法制官魏上校表示：將來眷村居民購置的房屋，其中有 20% 是自費款；有關廠商違規金判賠的部份則要繳回國庫。目前國防部也在向行政院爭取，希望將來眷戶負擔的 20%，能同比例的補償眷戶。

　　眷戶最關心的是工程品質問題。有眷戶建議將合約鑑定，不要廠商大包發小包。房屋蓋好後最嚴重的問題是滲漏，希望做好管線。管線施工時一定要派檢驗小組確定才能灌水泥。軍備局工程部人員表示：眷改工程將來在實施監督的機制方面，在各級都有標準作業，軍備局會找監造建築師等，聯建小組也有專業人士一起監督這工程。軍方對鋼筋、混泥土等材料都會檢驗，檢測驗證合格才會灌漿。

　　當然，海砂屋也讓眷戶憂心。眷戶提出蓋新房子不能用海砂，希望上級

〔註10〕參閱〈二空眷村改建第二階段第二次說明會記錄資料〉，2006/7/29（六）9：30～11：30。
〔註11〕參閱〈二空眷村改建第二階段第二次說明會記錄資料〉，2006/7/29（六）9：30～11：30。

多多注意年老的眷村。眷戶們住在二空達 39 年，一直沒搬過；只有國家叫眷戶搬他們才搬，希望國家能注意老眷村的安全。針對此問題，中華工程顧問表示，海砂、輻射鋼筋等居住安全、施工品質上的問題通通在契約規範條約已明文禁止使用，統包商來投標的時候，這些都簽約要負責的。〔註12〕

其實多年來，仁和村居民們對眷村改建的態度，由一開始民國六十、七十年因久住習慣，對眷村有了感情而反對改建。但近年來人口外流、房屋蛀蝕嚴重、鼠輩橫行等種種環境不佳的問題深深困擾眷戶。民國九十年居民乃向國防部陳情要求改建。九十二年七月國防部正式簽約，委託台南縣政府代辦改建，二空居民還特地乘遊覽車前往縣府見證簽約改建的歷史時刻，可看出眷村居民是如何重視眷村改建之事。當然眷戶們最關心的莫過於溝通管道、工程進度一再延後、改建材料、工程品質等基本卻又事關重大的改建要點。眷戶們也於九十五年投票選出了由眷村居民出任的聯建小組，將來改建時就有勞這些成員爲改建工程把關了。筆者希望改建工程能順利進行，讓老眷戶們早日住進新宅，再享天倫之樂。

〔註12〕參閱〈二空眷村改建第二階段第二次說明會記錄資料〉，2006/7/29（六）9：30～11：30。

結　論

　　本篇論文完整探討了從民國三十八年到九十六年眷村的源起、興盛至沒
落景況。其實，眷村的存在也恰好和世界的冷戰氛圍相符合。當冷戰的氛圍
消除之際，眷村也在消失之中。眷村是冷戰時期的產物，年代橫跨久遠，蘊
涵了特殊的文化。〔註1〕本篇論文乃從眷村整體發展與個案文化認同兩方面探
討眷村的文化。

（一）眷村整體發展方面

　　眷村是戰亂時代的產物，乃爲安置國共內戰失敗遷台的大陸軍眷而興
起。近一百二十萬疲憊多病的遷台軍民，因大陸戰敗不斷南退，終於退到這
一海之隔的台灣島。有些眷屬們在內戰時，也曾被安排隨著部隊遷移，由
留守處協助找臨時性的房子或借住民房。待官兵們作戰完，太太才能到後方
去和先生見面。後來軍眷隨政府指示乘船或飛機遷台，留守處也跟著撤到
台灣來；眷屬隨著部隊移動，留守處就近找鄉公所、學校、公家集會所安置
眷屬。「眷村」名稱在台灣出現，顧名思義就是供軍隊眷屬居住的村落，留
守處也演變成眷村管理單位。有了眷村，這群軍眷總算結束流離生活，正式
安居。

　　眷村又因準備反攻大陸，而被認爲是短期臨時性的住所；建築材料多半
以「竹椽土瓦蓋頂，竹筋糊泥爲壁」，形成一個以竹籬笆與外界隔離，用簡易
建材搭蓋的居住環境。它們大多座落於軍事基地附近，因軍事性質而須與外
界隔離，不僅由軍方管理、統發眷糧，且內設自治會、學校、診療所等，自

〔註 1〕 指導老師張四德教授撰述，2007 年。

行運轉行政、教育、醫療等功能，自成一封閉性的社群。

從民國三十九～八十四年，全台先後興建近 900 座眷村。一轉眼五十多年過去，返回大陸故鄉夢斷，這批大陸軍民變成了遷台眷村的第一代；眷村子弟也在台灣生長、受教育進而結婚成家。隨著眷村人口繁衍，初期簡便草建的侷限逐漸顯露，空間不足又屋況老舊，改建的需求與呼聲日漸高漲。

民國六十九年五月國防部發佈《國軍老舊眷村重建試辦期間作業要點》，進行第一波正式改建，推動軍眷村合建國宅與眷村自行改建工作。第二波自八十五年眷村改建採以縣市為單位整體規劃，並以興建住宅基地或遷建國宅基地之方式執行。但此兩波改建工作把眷村合建國宅大廈，眷村不再是隔離的軍事聚落，恐將造成未來眷村文化的消失。因此各地方政府、文史工作者與眷村有志之子弟，如桃園之桃籽園文化基金會及新竹市文化局，為保存眷村文化而針對眷村展開一連串口述歷史與田野調查，希冀能留給後人眷村存在的歷史片段，成果相當豐碩。

（二）個案──仁和眷村文化與認同方面

台南縣境內原有十三處眷村，目前僅剩仁德二空新村、永康市飛燕新村及新化鎮大同新村三處仍保留；其中以二空新村眷戶最多、佔地最廣。筆者以二空歷史最悠久之仁和村為個案研究，探討眷村文化的傳承與改變。民國三十九年仁和村眷舍由軍人自建，最早以竹條、沙子、草藤和泥巴等簡易克難材料所砌建搭蓋而成。後來逐年擴建、改善屋況、在村內設國小、涼亭、活動中心等公共設施的陸續建設，都一再反映五、六十年代眷村早期的繁榮景象。七十年代後，因人口外流且走向老化趨勢、產業分佈多服務業、居民活動偏向老人休閒、照護等社會內部環境變遷，呈現眷村近年來沒落沉寂的現象。也因眷村硬體建設及人口的老化，使居民們開始爭取改建，終在九十二年促使台南縣政府決定推動二空改建案。

而在記錄眷村歷史之餘，筆者要探討的是外省人的認同問題。相較於台灣閩客族群，這群來自對岸大陸的移民被稱為「外省人」，他們有著自身背景文化，如仁和眷村裡匯集從四川、湖南、廣東、江蘇等各省來的軍民。至今在台灣生活了近 60 個年頭，也在台灣生育了孩子，他們如何傳承自身文化？這可從節慶活動、宗教、政黨認同到眷村飲食等特殊文化，來看出早期至現今眷村生活的演變與特色。首先是過年習俗，特別能展現出眷村匯聚大陸各省居民的不同文化。眷村媽媽的拿手家鄉菜也多在此時盡展光芒，但沿襲至

今已大部分手藝失落，原鄉口味不再，僅少數眷村女性能傳承第一代媽媽部分功夫。現今仁和村過年只見街上仍舊曬香腸、臘肉，吃年夜飯晚上放鞭炮等習俗持續，其餘似乎一切從簡，不如以往熱鬧。村裡也有從台南市、綠島等地嫁過來的本省媳婦，她們的飲食習慣與眷村不同，但在接觸眷村小吃後，有些人變成以外省口味爲主。在嘉義出生的章女士，嫁到二空後，仍愛吃炒米粉、羹麵等本省飲食；不過早餐也吃眷村的陽春麵；在街上賣廣東粥、雞蛋糕的侯媽媽，因信仰一貫道吃素，總自己煮菜，她覺得不管本省外省菜都好吃；台南人的熊媽媽，六十年左右嫁來眷村後，與丈夫合開駝峰商號。她不喜歡本省口味偏甜，現在習慣吃眷村口味，過年也依外省習俗煮水餃來吃。

　　宗教文化方面，仁和村有民國四十二年成立的「二空教會」、五十年建立的「聖母升天堂」，與五十五年自「二空教會」分出的「仁和教會」。早期教會與教堂都藉由經濟支援與精神上的支持，如發放麵粉、奶粉、作禮拜等方式，來吸引眷村居民成爲教友。而神父與傳道長老們也十分關懷眷村孩子的生長，有些叛逆的第二代就會被神父或傳道拉去教堂讀書而轉念專心於課業發展。多年後的今天，這些宗教組織，除日常作禮拜外，在清明節也舉辦作彌撒等儀式或不定期開設講座，維持與居民教友的情感聯繫。本省媳婦的信仰則多與本地宗教有關，如侯媽媽信一貫道；熊媽媽信佛教，到崇學路的普佛精舍唸經。而在傳統習俗上，由於眷村軍民在仁和村沒有祖先牌位可拜，只能用一張紅紙上寫著「×家歷代祖先」，把紙貼在牆上以供祭拜，或只燒紙錢給祖先。眷村居民在傳統習俗方面多因時、地制宜，此舉源自早期眷村生活刻苦，將原本的祭拜儀式、供品都加以簡略，另一方面也是吸收了某些台灣的祭拜習俗所致。

　　政黨認同方面，眷村的軍眷們在蔣介石率領下經歷對日本八年抗戰、國共內戰，最後跟隨國民政府遷台，所以都帶有愛國意識及效忠國民黨的精神。國民政府遷台後，仍堅持要反攻大陸，眷村軍民們也一心期待短時間內返回家鄉，此乃人之常情。而這股對國民黨的支持認同，從歷年眷村選舉投票結果中，就可十分清楚看出。而從改建說明會上眷村伯伯的一句「只有國家叫我們搬才搬」，更可明瞭榮民伯伯早已把國家內化爲忠心信奉對象，給予他們依靠安全感的是帶領軍民來台的國民政府，他們住進眷村依賴政府過活許多年，早就習慣對國民黨效忠與眷村的生活。但第二代就因教育、社會的開放

而擁有民主思想，政黨認同也更多元。

　　眷村飲食文化中也有其獨特的風格。二空最出名的首推涼麵，其中「村長涼麵」已由第二代繼承。不僅涼麵、涼皮的風味依舊，並開發紅麴新口味，還有親戚在附近開包子饅頭店，一家人齊作麵食生意，實是眷村飲食文化傳承的最佳代表。近年街上還有來自西螺的台灣媳婦開麵店，與外來口味的沙嗲攤販，代表外來飲食文化也傳入眷村。其實仁和眷村文化，與別處的空軍眷村發展有部份雷同，如眷村在基地附近、眷舍克難粗建、巷弄如窄小的棋盤方格、初期共用公廁、打水機等，還有眷村媽媽們都從事手工副業改善經濟。但仁和村也有獨特的一面，如涼麵、金門館之飲食文化、眷村媽媽織毛衣的流行副業文化、傳承至今的元旦升旗習俗等。

　　總之，眷村是冷戰、國共衝突之下的產物，有其悲劇性的意義。在閩、客及原住民的台灣文化中，時代賦予它特殊的意義，也孕育出特殊的族群文化。〔註2〕本論文藉由探討個案仁和眷村文化的變與不變，來呈現出住在眷村的外省族群從國共內戰遷移到台灣後，他們對中國與台灣文化有何保留與創新，如何融造特殊的眷村文化。本研究期望能使這幅眷村文化的圖像更豐富完整，並爲它留下清晰的影像。

〔註 2〕指導老師張四德教授撰述，2007 年。

參考文獻

一、口述與一手史料（感謝二空自治會與長輩們提供）

1. 台南空軍醫院院長空軍上校高乘風，〈呈報老舊眷舍整修資料調查表〉，1967 年 3 月 23 日。

2. 張華春，〈貿易四村軍眷生活情形〉，供給婦女會手寫資料，1970 年 6 月 14 日。

3. 貿易四村婦工隊製，〈中華婦女反共聯合會貿易四村工作隊簡報〉，1971 年。

4. 二空新村自治會製，〈國軍台南縣市眷管地區訪問座談會簡報〉，1972 年 11 月。

5. 二空新村自治會製，〈空軍台南縣二空新村自治會簡報〉，1973 年 6 月。

6. 二空新村自治會製，〈空軍後勤司令部模範眷村事蹟表〉，1980 年 7 月 19 日。

7. 台南縣仁德鄉仁愛社區全民運動推行委員會，〈仁愛社區全民運動觀摩會次序表〉，1980 年。

8. 平實部隊編印，〈台南地區 77 年第二梯次國軍眷村自強聯誼活動參觀手冊〉，1989 年 1 月 28 日。

9. 二空教會，《二空基督教會四十六週年紀念特刊》，1999 年。

10. 張華春，〈沈母翁太夫人家奠禮〉，2000 年 2 月 18 日。

11. 二空教堂，《慶祝二空聖母升天堂 47 週年堂慶暨藺神父晉鐸五十週年金慶感恩彌撒大典手冊》，2004 年 8 月 15 日。

12. 二空眷村改建第二階段第一次說明會記錄，2005 年 10 月 7 日，14：00～15：30。

13. 二空眷村改建第二階段第二次說明會記錄，2006 年 7 月 29 日，9：30～

11：30。

14. 張華春，〈梁母夏紹國太夫人家奠禮〉，2006 年 10 月 28 日。

15. 李維國，〈二空新村眷戶生活環境簡介〉，2006 年 11 月 14 日。

訪談資料

姓　　　　名	籍　貫	出生年	訪　談　日　期
王遠華	四川重慶	1922 年	2005/2/11，13：00～14：20
李鳳蘭	雲南昆明	1923 年	2005/2/11，14：30～15：40
周成福	浙江寧波	1923 年	2005/2/12，13：00～14：30
藺培鐸（聖母升天堂神父）	山東	1924 年	2005/4/11，9：30～10：45
陳秀英	廣東	1925 年	2005/2/20，10：15～11：55
康淑英	北京	1928 年	2005/2/12，8：30～9：50
徐蔣秀禎	四川	1929 年	2005/2/28，10：10～12：00
張華春（自治會長）	武漢	1930 年	2005/2/11，10：00～11：15
戴蘭琴	南京	1931 年	2005/2/14，8：30～9：50
劉樹明	山東	1931 年	2005/2/14，10：00～11：00
周麗卿	江蘇	1934 年	2013/8/7，10：30～11：00
熊黃淑惠	台南市	1940 年	2007/6/2，8：00～8：30
侯吳良子	台南市	1942 年	2007/6/3，9：00～9：30
韓李亞慶	陝西	1942 年	2013/8/8，15：00～15：30
張長壽（仁和村長）	山東	1950 年	2005/4/25，10：00～11：30
陳淑眞	台東綠島	1951 年	2007/6/3，8：30～9：00
陳福蘭	湖北	1951 年	2013/8/5，14：30～15：10
楊和麗	福建	1953 年	2005/7/16，14：00～15：10
郭建旻（仁和國小主任）	台南	1955 年	2007/6/2，15：00～15：30
徐京台（二空教會長老）	福建	1957 年	2005/3/21，14：30～16：00

二、專書部份

（一）中國現代史與台灣史專書

1. 林嘉誠／蔡政文，《台海兩岸的政治關係》，台北：國家政策研究資料中心，1989 年。

2. 國防部史譯局，《國軍後勤史》第五冊，台北：國防部史政編譯局，1989年。

3. 陳鑑波，《中華民國春秋》（下），台北：三民書局出版，1989年，增訂四版。

4. 杜聿明等，《國共內戰秘錄——原國民黨將領的回憶》，台北：巴比倫出版，1991年。

5. 李功勤，《中國現代史與兩岸關係》，台北：美鐘出版，1992年。

6. 鄭洞國等，《杜聿明將軍》，北京：新華書店，1993年，第三次印刷。

7. 郭廷以，《近代中國史綱》（下），台北：曉園出版，1994年。

8. 張讚合，《兩岸關係變遷史》，台北：周知文化，1996年。

9. 中國時報編輯部，《台灣：戰後50年 土地・人民・歲月》，台北：時報文化，1997年，初版六刷。

10. 張玉法，《中國現代史》（下），台北：東華書局，1997年，九版。

11. 溫世仁，《台灣經濟的苦難與成長》，台北：大塊文化，1997年。

12. 遠流台灣館編著，《台灣史小事典》，台北：遠流出版，2000年。

13. 莊永明策劃，《台灣世紀回味：時代光影 1895～2000》，台北：遠流出版，2000年。

14. 陳永發，《中國共產革命七十年》（上），台北：聯經，2001年，二版。

15. 游啓亨，《台灣現代史通覽》，台南：人光出版，2001年。

16. 金沖及，《轉折年代：中國 1947年》，北京：生活・讀書・新知三聯書店，2002年。

17. 徐中約著，計秋楓、鄭會欣譯，《中國近代史》（下），香港：中文大學，2002年。

18. 林桶法，《戰後中國的變局——以國民黨為中心的探討》，台北：商務出版，2003年。

19. 黃景自，《總統先生們與他們的年代》，高雄：春田出版，2003年。

20. 陳錦昌，《蔣中正遷台記》，台北：向陽文化，2004年。

21. 吳昆財，《一九五○年代的台灣》，台北：柏楊文化，2006年。

（二）眷村專書

1. 青夷選編，《我從眷村來》，台北：希代，1986年。

2. 李如南主持，《台灣地區軍眷村更新配合都市發展之研究》，台北：中華民國都市計劃學會，1988年。

3. 「外省人」台灣獨立協進會編，《外省人台灣心》，台北：前衛出版社，1993年，初版第三刷。

4. 楊放採訪整理，《落地生根：眷村人物與經驗》，台北：允晨文化，1996年。

5. 王明珂，《華夏邊緣：歷史記憶與族群認同》，台北：允晨文化，1997年。

6. 林樹等作，《新竹市眷村田野調查報告書》，新竹市立文化中心，1997年。

7. 洪惠冠總編，《新竹眷村文物專輯》，新竹市立文化中心，1997年。

8. 洪惠冠編，《竹籬笆內的春天：新竹市眷村的故事》，新竹市文化中心，1997年。

9. 張德南，《新竹市眷村走過從前：眷村的影像歲月》，新竹市文化中心，1997年。

10. 潘國正，《有情、有義、眷村情：眷村徵文作品集》，新竹市文化中心，1997年。

11. 潘國正編，《竹籬笆的長影——眷村爸爸媽媽口述歷史》，新竹市立文化中心，1997年。

12. 古碧玲等編，《從異鄉到家鄉——「外省人影像文物展」》，台北：台北二二八紀念館，2000年。

13. 何思瞇，《臺北縣眷村調查研究》，台北：台北縣文化局，2001年。

14. 林松，《眷念：新竹市眷村博物館文物專輯》，新竹市文化局，2004年。

15. 齊邦媛、王德威編，《最後的黃埔：老兵與離散的故事》，台北：麥田，2004年。

16. 蘇偉貞編，《台灣眷村小說選》，台北：二魚文化出版，2004年。

17. 郭冠麟編，《從竹籬笆到高樓大廈的故事——國軍眷村發展史》，台北：國防部史政編譯室，2005年。

18. 楊長鎮、莊豐嘉主編，《認識台灣眷村》，台北：民主進步黨族群事務部，2006年。

（三）其他

1. 陳奮雄纂，宋義祥、鍾和邦主修，《仁德鄉志》，台南：仁德鄉公所，1994年。

2. 陳梅卿，《高雄縣基督教傳教史》，高雄：高雄縣政府，1997年。

3. 馬路灣主編，《大嘉南都會百科全圖》，台北：戶外生活圖書，1999年。

4. 施添福編纂，《臺東縣史》，台東：台東縣政府出版，2001年。

5. 台南縣選舉委員會編印，《94年地方公職人員選舉候選人在台南縣各投開票所得票數一覽表》，台南：台南縣選委會，2005年。

6. 嚴倬雲、汲宇荷、楊夢茹，《婦聯五十五年》，台北：中華民國婦女聯合會，2005 年。

三、期刊報紙

1. 台東新報，〈高市歌星慰勞南縣市駐軍〉，二版，1955 年 2 月 21 日（一）。

2. 中國日報 2 版，〈台南縣二空開辦軍眷髮網班〉，1956 年 10 月 2 日（一）。

3. 李棟明，〈居台外省籍人口之組成與分佈〉，《台北文獻》，第 11、12 期合刊，1971 年，頁 62～86。

4. 吳翊麟，〈隨遷計——民國三十八年外交部撤退來台經過〉，《傳記文學》，第 12 卷第 1 期，116 號，1972 年 1 月，頁 36～38。

5. 劉毅夫，〈徐蚌會戰與首都淪陷〉，《傳記文學》，第 35 卷第 1 期，206 號，1979 年，頁 104～109。

6. 呂玉瑕，〈社會變遷中台灣婦女之事業觀：婦女角色意識與就業態度的探討〉，《中央研究院民族學研究所集刊》，第 50 期，1980 年，頁 25～66。

7. 黃仁霖英文遺稿，張玉蘐譯述，〈接收美軍源物資與主持聯勤總部〉，《傳記文學》，第 43 卷第 1 期，254 號，1983 年 7 月，頁 79～86。

8. 蘇偉貞，〈眷村生活〉，收入青夷選編《我從眷村來》，台北：希代，1986 年，頁 16～19。

9. 王禹廷，〈國共分合　勝敗殊途〉（一），《傳記文學》，第 52 卷第 6 期，313 號，1988 年 6 月，頁 13～25。

10. 胡台麗，〈芋仔與番薯——台灣「榮民」的族群關係與認同〉，《中央研究院民族學研究所集刊》，1990 年春 69 期，頁 107～131。

11. 王禹廷，〈國共分合　勝敗殊途〉（三十一），《傳記文學》，第 59 卷第 4 期，353 號，1991 年 10 月，頁 123～130。

12. 王禹廷，〈國共分合　勝敗殊途〉（三十七），《傳記文學》，第 61 卷第 1 期，362 號，1992 年 7 月，頁 117～128。

13. 王明珂，〈集體歷史記憶與族群認同〉，《當代》，第 91 期，1993 年 11 月，頁 6～19。

14. 林本炫（國策中心研究員），〈時事評析——《眷村改建條例草案》立法平議〉，《國策期刊》，第 124 期，1995 年 10 月 31 日，頁 14～15。

15. 王甫昌，〈省籍融合的本質——一個理論與經驗的探討〉，收入《族群關係與國家認同》，台北：業強出版，初版三刷，1996 年，頁 53～100。

16. 黃勝雄，〈族群、社會文化與空間意涵〉，《思與言》，第 34 卷第 3 期，1996 年 9 月，頁 185～240。

17. 鍾麗娜，〈關懷國土資源──探究國軍老舊眷村改建條例闖關的大震撼（上）〉，《人與地》，第 148 期，1996 年 4 月，頁 32～36。

18. 鍾麗娜，〈關懷國土資源──探究國軍老舊眷村改建條例闖關的大震撼（下）〉，《人與地》，第 150 期，1996 年 6 月，頁 51～55。

19. 丁瑋，〈眷村與眷村文化〉，《歷史文物》，1996 年 8 月，頁 70～75。

20. 柯茂榮，〈台灣省都市再發展──論軍眷村改建過程及展望〉，《工程》，1996 年 11 月，頁 16～33。

21. 台北市文獻委員會，〈台北市眷村文化保存與發展座談會紀錄〉，《台北文獻》，直字 128 期，1999 年 6 月，頁 1～32。

22. 江承格，〈謝東閔先生的嘉言懿行〉，《傳記文學》，第 78 卷第 5 期，468 號，2001 年 5 月，頁 62～64。

23. 劉珩，〈左營眷村述記〉，《高市文獻》，2001 年 9 月，頁 1～19。

24. 林欽榮，〈都市更新在新竹的歷史任務：新竹模式眷改〉，《建築師》，第 323 期，2001 年 11 月，頁 51～53。

25. 喻麗華，〈綜論台灣移民社會中「眷村」聚落之探討〉，2001 年 12 月，頁 117～144。收入《2002 高雄研究學報：（2001）高雄研究研討會論文集》，高雄：春暉出版，2002 年。

26. 張淑娟／新營報導，〈二空子弟新厝夢後年成眞〉，中華日報，2003 年 8 月 1 日。

27. 王德威，〈序二／老去空餘渡海心〉，收入齊邦媛、王德威編，《最後的黃埔：老兵與離散的故事》，台北：麥田，2004 年，頁 9～10。

28. 陳佳伶／新營報導，〈二空眷村改建慢　議長急〉，中華日報，2005 年 3 月 5 日。

29. 施正鋒，〈台灣社會各族群平等關係的建構〉，收入《台灣族群政治與政策》，台中：新新台灣文教基金會，2006 年，頁 1～20。

30. 金星製作股份有限公司製作，〈想我們的眷村媽媽 DVD〉，桃園縣：桃園縣政府文化局，2006 年。

31. 潘杏惠／南縣報導，〈二空眷村改建在即　居民憶年味〉，中國時報 A10 版，2007 年 2 月 21 日。

四、論文（以出版時間順序排列）

1. 張瑞珊，〈台灣軍眷村的社會研究──以合群復興兩村爲例〉，台灣大學社會研究所碩士論文，1980 年。

2. 梅再興，〈高雄市左營眷村選民投票行爲之研究──民國七○年市議員選舉與民國七十二年增額立法委員選舉之比較〉，國立中山大學中山學術研究所碩士論文，1985 年。

3. 林佳龍,〈國民黨與民進黨的群眾基礎:台灣選民政黨支持的比較分析（1983～1986）〉,國立台灣大學政治學研究所碩士論文,1987年。

4. 顏麗蓉,〈軍眷村外部空間之研究:以中壢地區四個眷村之現象探討影響活動之外部空間條件〉,中原大學建築工程研究所碩士論文,1987年。

5. 羅於陵,〈眷村:空間意義的賦與和再界定〉,台灣大學建築與城鄉研究所碩士論文,1991年。

6. 杜金國,〈眷村居民的社會文化生活空間經驗與計畫之研究——以新竹市公學新村爲個案〉,台灣技術學院碩士論文,1994年。

7. 林佳弘,〈從提昇都市環境品質的觀點探討軍眷村之更新——以台南市爲例〉,台南市:國立成功大學建築研究所碩士論文,1995年。

8. 尚道明,〈眷村居民的生命歷程與國家認同——樂群新村的個案研究〉,清華大學社會人類學研究所碩士論文,1995年。

9. 呂秀玲,〈眷村的社會流動與社會資源——一個榮民社區之田野研究〉,東海大學社會學研究所碩士論文,1998年。

10. 蔡淑華,〈眷村小說研究——以外省第二代作家爲對象〉,國立政治大學中國文學系碩士論文,1998年。

11. 邵世楨,〈國軍老舊眷村改建後居住空間使用調查之研究——以台北縣大鵬華城爲例〉,文化大學建築及都市計劃研究所碩士在職專班論文,2001年。

12. 孫立梅,〈外省人的「家」:多義的記憶與移動的認同〉,清華大學人類學研究所碩士論文,2001年。

13. 郭苑平,〈眷村台灣媽媽的自我與認同研究〉,清華大學人類學研究所碩士論文,2002年。

14. 孫鴻業,〈污名、自我、與歷史:台灣外省人第二代的身份與認同〉,清華大學社會學研究所碩士論文,2002年。

15. 楊雙福,〈高雄縣眷村榮、家族群投票行爲研究——以2001年立法委員選舉爲例〉,國立中山大學政治學研究所碩士論文,2002年。

16. 謝倩如,〈朱天心小說研究〉,國立高雄師範大學／國文教學碩士班碩士論文,2002年。

17. 安天祥,〈竹籬笆裡也有春天——兩名眷村子弟發展成就之個案研究〉,臺北市立師範學院國民教育研究所碩士論文,2003年。

18. 李俊賢,〈空城記．憶:從眷村影像符碼看一個世代的結束〉,世新大學圖文傳播暨數位出版學研究所碩士論文,2004年。

19. 唐於華,〈台南市水交社眷村居民的文化與族群身份變遷〉,台南師範學院台灣文化研所碩士論文,2004年。

20. 陳谷萍,〈重探眷村生活:文化接觸下的女性情誼〉,雲林科技大學文化

資產維護系碩士論文，2005 年。

21. 賈素娟，〈張啟疆眷村小說——〈消失的□□〉研究〉。國立高雄師範大學國文教學碩士班碩士論文，2005 年。

22. 蕭瓊瑤，〈台南市水交社眷村的環境與社會變遷〉，國立臺南大學社會科教育學系碩士班碩士論文，2005 年。

23. 周莉菁，〈女性眷村文學記憶圖像之形塑〉，南華大學環境與藝術研究所碩士論文，2006 年。

五、網站

1. 都市發展局陳崑福，台南市政府召開「全市未改建眷村重整專案會議」新聞稿，http://www.tncg.gov.tw/news.asp?id={28A3254C-B56B-4858-B657-0032D57AF6A3}&Lang=，2004/4/21。

2. 仁和國小網站——學校簡介——學校沿革，
http://www.rhes.tnc.edu.tw/index2.htm，2005/6/4。

3. 國防部總政治作戰局網站，國軍新制老舊眷村改建執行現況，
http://gpwd.mnd.gov.tw/webs/plan-00.htm，2006/2/20。

4. 張文祿，〈眷改國宅坪價 6 萬漲到 11 萬眷戶抗議國防部騙人〉，中廣新聞網，http://news.sina.com/bcc/301-102-101-102/2006-03-31/0136777635.html，2006/3/31。

5. 顏章聖，〈國宅太恐怖　住戶脫衣抗議　廢土報紙塞大樑　不鏽鋼柱生鏽〉，台視全球資訊網，http://www.ttv.com.tw/news/html/095/07/0950718/09507184343501L.htm，2006/07/18。

6. 新竹眷村博物館網站，http://www.hcccb.gov.tw/chinese/13museum/mus_b02.asp?station=104&museum_id=27，2007/2。

7. 桃園縣政府網站，
http://www.tycg.gov.tw/cgi-bin/SM_theme?page=3e816b10，2007/2/8。

8. 中華民國婦女聯合會網站，http://www.nwl.org.tw/，2007/3/3。

9. 志開國小網站——學校歷史——志開之前世今生，
http://students.zkes.tn.edu.tw:81/navigator/index2.php?target=8，2007/4/22。

10. 台灣佛教慈濟慈善世界基金會，
http://www2.tzuchi.org.tw/tc-brief/index.htm，2007/7/2。

11. 維基百科網站，http://zh.wikipedia.org/wiki/，2007/7/2。

12. 台南市仁德區戶政事務所網站——歷年各里人口統計資料，
http://www.tainan.gov.tw/rende/page.asp?nsub=C0A100，2014 年 1 月。

附　錄

附錄一：大撤退圖（1948～1955 年 19 條自大陸撤退來台路線）

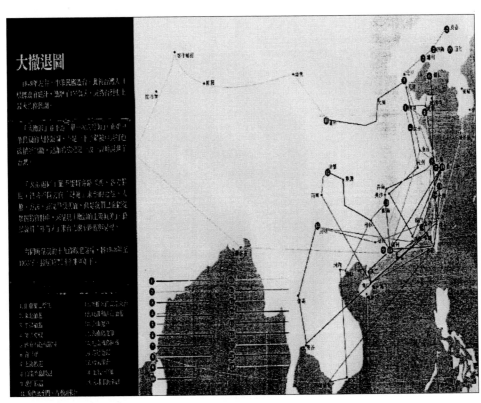

引自古碧玲等編，《從異鄉到家鄉——「外省人影像文物展」》，台北：台北二二八紀念館，2000 年，頁 9。

附錄二：〈國軍老舊眷村改建說明資料舊制與新制比較表〉

國軍老舊眷村改建說明資料舊制與新制比較表

項　目	舊　　　　制	新　　　　制
法令依據	國防部 69 年 5 月 30 日(69)正歸字第 7499 號令頒「國軍老舊眷村重建試辦期間作業要點」	中華民國 85 年 2 月 5 日總統華總字第 8500027130 號令公佈「國軍老舊眷村改建條例」
適用對象	中華民國 85 年 2 月 5 日以前以完成改建之眷村及已報奉行政院核定改建之眷村。	中華民國 85 年 2 月 5 日以前尚未奉行政院核定改建之老舊眷村、及列管散戶、一般職務官舍、整村整建眷村等。
改建管道	一、與地方政府合建國民住宅 二、委託軍眷住宅合作社自建眷宅	由國防部籌組基金會自行規劃招標或以統包制度招商辦理改建。
改建原則	一、合建國宅：重建後新得住宅，軍、省方各二分之一比例垂直整棟分配，軍方分回部分優先安置原眷戶，如有餘額則配售有眷無舍之官兵或遷建小型眷村。省方分配部份配售一般民人國宅等候戶。 二、自建眷宅：重建後新得住宅，除優先安置原眷戶外，餘宅配售有眷無舍之官兵或遷建小型眷村。	重建後住宅，優先安置原眷戶，餘宅遷建地區周邊之其他眷村之眷戶，或全額配售村內違佔眷戶，部份則提供中低收入戶承購，如有零星餘戶由主管機關處理。
土地取得	運用個案眷村原址土地，屬固有者報經行政院核定專案讓售，屬地方政府者協調比照辦理，屬民地者專案協商辦理。	按眷村分布位置，依條件相近者整體分區規畫，運用既有之眷村土地，不適用營地全數一次報行政院核定後，集中興建住宅。
計價方式及貸款	一、合建國宅： 1. 以個案眷村完工當期土地公告現值 69.3%補助原眷戶購宅，不足時協助辦理國宅 5.15%利率優惠貸款及一般利率貸款。 2. 現役有眷無舍之官兵及一般承購戶全額價購，並協助辦理國宅 5.15%利率優惠貸款及一般利率貸款。 二、自建眷宅： 1. 以個案眷村完工當期土地公告現值 69.3%補助原眷戶購宅，不足時協助辦理農民銀行一般利率貸款。 2. 現役有眷無舍之官兵全額價購，並協助辦理 70%農民銀行利率優惠貸款及一般利率貸款。	一、以各直轄市、縣（市）轄區內國軍老舊眷村土地，可計價土地公告現值 69.3%總額，補助原眷戶購宅。 二、分配總額達房地總價以上者，原眷戶負擔自備款；未達房地總價之不足款由原眷戶自行負擔，負擔最高金額以房地總價 20%為限，仍有不足部份由改建基金支付。 三、違建戶、中低收入戶、有眷無舍之官兵以全額價購，符合國宅承購條件者，洽請各縣（市）政府比照國宅條例規定，提供優惠貸款。

配售標準	一、配售標準： 1. 將級：34 坪型（權狀坪數約 50 坪）。 2. 上校級：30 坪型（權狀坪數約 45 坪）。 3. 中校以下軍官級：28 坪型（權狀坪數約 42 坪）。 4. 士官（士官長）級：24 坪型（權狀坪數約 40 坪）。 二、可依承購戶意願，無條件自費增購上一坪型眷宅。	一、配售標準： 1. 將級：34 坪型（權狀坪數約 50.2 坪）。 2. 校級軍官：30 坪型（權狀坪數約 45 坪）。 3. 尉級以下官士級：28 坪型（權狀坪數約 42.4 坪）。 二、可依承購戶意願，無條件自費增購上一坪型眷宅。
搬運費及房租費發放	一、原眷戶搬遷費：每戶新台幣 6,000 元（含遷出、入各 3,000 元）。 二、房租補助費：每月每戶發給台北市 6,000 元，其他縣市 5,000 元。按月核實發給。 三、搬遷費、房租補助費計入住宅成本。	一、搬遷費： 1. 每戶新台幣 20,000 元（含遷出、入各 10,000 元）。 2. 其他眷村遷建戶僅發遷出費。 二、房租補助費：每月每戶發給 6,000 元。 三、搬遷費、房租補助費計入住宅成本。
新舊制優缺點	一、優點： 1. 可多管道同時並行。 2. 合建國宅可提供國宅優惠貸款。 3. 運用國宅基金，減輕自有基金週轉壓力。 4. 原址興建，符合眷戶意願。 二、缺點： 1. 一村一村推動執行緩慢。 2. 非國有或公共建設眷地，無地價款補助購宅，難以推動改建。 3. 地價款分村計價，高者無須負擔自備款，獲利甚豐；低者負擔沈重，配合改建意願低落，形成實質不公。 4. 法令依據為行政命令，對不配合戶無強制力，影響作業時程。	一、優點： 1. 全面改建：無論土地公告現值高低區位好壞，一律辦理改建。 2. 整體規畫：以縣市為單位依條件、區位相近者，集中興建住宅。 3. 先建後拆：選擇少許眷地，空置營地先行興建，在予遷入。 4. 提昇品質：由經建會遴聘國內知名建築師精心設計。 5. 減低成本：原眷戶自行負擔最高以房地總價之 20%為限，其不足部份由改建基金補助。 6. 縮短時程：各地同步興建。 7. 具強制力：執行依據為完成立法程序且經總統公布之特別法，對不配合之眷戶具強制力。 二、缺點 1. 執行所需經費龐大，若調度不週或籌措不及將延遲進度。 2. 相關作業均由國防部籌組織基金會執行，需擴充人員編成，且責任甚重。
眷村改建對現役官兵之影響	一、舒緩官兵居住壓力： 國軍官兵缺舍總人數為 44,188 員，符合購宅、貸款條件者計 29,767，依舊制辦理合（自）建 96 處基地，總戶數為 39,784 戶，軍方可獲 39,148 戶，除安置原眷戶 10,439 戶外，餘 12,709 戶可配售現役官兵價購，解決眷居問題。	

二、嘉惠配置眷村現役官兵：

目前配住於老舊眷村，職務官舍之現役官、士計有 22,913 員，將可依改建作業直接獲得補助與安置。

三、收回職務官舍運用：

婦聯會捐建配住之職務官舍，計約 3,907 戶，住戶將因輔導購宅安置後收回，轉供各級部隊借住使用。

四、增加官兵購宅貸款戶額：

依舊制辦理改建眷村，將因新制通過後減少，由於購宅基金墊付之工程款可陸續回籠，屆時將轉用為官、士購宅貸款，並於提高額度或增加員額，有效輔導現役官士購置住宅。

五、運用餘額配售官兵：

依新制規定：「如有零星餘戶，由主管機關處理之」，此即兼顧現役缺舍官舍購宅需求之措施，各縣市建築基地之餘戶將可配售現役缺舍官士，至於確切數據，書於改建時視實際需求酌予改建。

資料來源：國防部總政治作戰部網頁 http://www.mnd.gov.tw/~defence/mil/gpwd/off-s2.htm

附錄三：《國軍老舊眷村改建條例》

1. 民國八十五年二月五日總統（85）華總字第 8500027130 號令制定公布全文 30 條

2. 民國八十六年十一月二十六日總統（86）華總（一）義字第 8600251030 號令修正公布第 5 條文

3. 民國九十年五月三十日總統（90）華總一義字第 9000102430 號令修正公布第 5、9、11、16、18、23、27 條條文；並增訂 21-1 條條文

4. 民國九十年十月三十一日總統（90）華總一義字第 9000213950 號令修正第 8、13、14 條條文

5. 民國九十六年一月三日總統華總一義字第 09500184551 號令修正公布第 21-1、22 條條文

6. 民國九十六年一月二十四日總統華總一義字第 09600009801 號令修正公布第 23 條條文

【法規內容】

第 1 條　（立法目的及適用範圍）　爲加速更新國軍老舊眷村，提高土地使用經濟效益，興建住宅照顧原眷戶及中低收入戶，協助地方政府取得公共設施用地，並改善都市景觀，特制定本條例；本條例未規定者，適用其他有關法律之規定。

第 2 條　（主管機關）　本條例主管機關爲國防部。
　　　　國防部爲推動國軍老舊眷村改建，應由國防部長邀集相關部會代表成立國軍老舊眷村改建推行委員會，負責協調推動事宜。

第 3 條　（國軍老舊眷村及原眷戶之定義）　本條例所稱國軍老舊眷村，係指於中華民國六十九年十二月三十一日以前興建完成之軍眷住宅，具下列各款情形之一者：
　　　　一、政府興建分配者。
　　　　二、中華婦女反共聯合會捐款興建者。
　　　　三、政府提供土地由眷戶自費興建者。
　　　　四、其他經主管機關認定者。
　　　　本條例所稱原眷戶，係指領有主管機關或其所屬權責機關核發之國軍眷舍居住憑證或公文書之國軍老舊眷村住戶。

第4條　　（改建範圍）　　國軍老舊眷村土地及不適用營地之名稱、位置，主
　　　　　管機關應列冊報經行政院核定。
　　　　　主管機關爲執行國軍老舊眷村改建，得運用國軍老舊眷村及不適用
　　　　　營地之國有土地，興建住宅社區或爲處分，不受國有財產法有關規
　　　　　定之限制。

第5條　　（原眷戶享有承購之權益）　　原眷戶享有承購依本條例興建之住宅
　　　　　及由政府給與輔助購宅款之權益。原眷戶死亡者，由配偶優先承受
　　　　　其權益；原眷戶與配偶均死亡者，由其子女承受其權益，餘均不得
　　　　　承受其權益。
　　　　　前項子女人數在二人以上者，應於原眷戶與配偶均死亡之日起六個
　　　　　月內，以書面協議向主管機關表示由一人承受權益，逾期均喪失承
　　　　　受之權益。但於中華民國八十五年十一月四日行政院核定國軍老舊
　　　　　眷村改建計畫或於本條例修正施行前，原眷戶與配偶均死亡者，其
　　　　　子女應於本條例修正施行之日起六個月內，以書面協議向主管機關
　　　　　表示由一人承受權益。
　　　　　本條例修正施行前，已依國軍老舊眷村改建計畫辦理改建眷村，原
　　　　　眷戶子女依第二項但書辦理權益承受之相關作業規定，由主管機關
　　　　　定之。

第6條　　（分區規劃）　　主管機關辦理國軍老舊眷村改建，應按眷村分布位
　　　　　置，依條件相近者採整體分區規劃，並運用既有眷村土地、不適用
　　　　　營地或價購土地，依規定變更爲適當使用分區或用地，集中興建住
　　　　　宅社區。
　　　　　興建住宅社區之土地，以非屬商業區且單位地價公告土地現值在一
　　　　　定金額以下爲限。
　　　　　前項單位地價公告土地現值之一定金額，由主管機關定之。

第7條　　（土地變更）　　都市計畫區內非屬住宅區之眷地及不適用營地，在
　　　　　不影響當地都市發展下，得依都市計畫法第二十七條變更爲住宅區
　　　　　後，依本條例辦理改建。
　　　　　非屬都市計畫範圍者，依有關法令變更爲建築用地。

第8條　　（改建基金之設置）　　政府爲辦理國軍老舊眷村改建工作，應設置
　　　　　國軍老舊眷村改建基金（以下簡稱改建基金）；其收支保管及運用辦

法，由行政院定之。

國軍老舊眷村改建資金應以第四條報經行政院核定之老舊眷村土地及不適用營地處分得款運用辦理，不得另行動支其他經費支應。

前項土地因市場狀況未能及時處分得款時，應由改建基金依實際需求融資墊付之。

第 9 條　（撥交基金之程序及計價標準）　本條例計畫辦理改建之國有老舊眷村土地處分收支，循特別預算程序辦理；歲入按行政院核定眷村土地當期公告土地現值作價之收入編列；歲出之編列除原眷戶之輔助購宅款外，其餘部分為改建基金。

前項歲出部分所列原眷戶之輔助購宅款在未支用前，得移作改建基金週轉之用。

行政院核定之國軍老舊眷村土地權屬為直轄市有、縣市有或鄉鎮市有者，應由各級地方政府於本條例施行之日起六個月內擬定計畫，執行國軍老舊眷村改建，逾期未擬定者，除公共設施用地外，各級地方政府應將其土地以繳款當期公告土地現值讓售主管機關移撥改建基金。

前項土地出售，不受土地法第二十五條及各級政府財產管理規則限制。

第 10 條　（經費來源）　改建基金得運用國有不適用營地處理得款，循特別預算程序供作眷村改建資金週轉之用，於適當時機繳還國庫。

主管機關對前項週轉金，得編列特別預算，供作國軍營舍改建之用。

第 11 條　（主管機關除自辦外，得採多管道方式改建）　第四條第二項之土地，除主管機關自行改建外，得按下列方式處理：

一、獎勵民間參與投資興建住宅社區。

二、委託民間機構興建住宅社區。

三、與直轄市、縣（市）政府合作興建國民住宅。

四、以信託方式與公、民營開發公司合作經營、處分及管理。

五、辦理標售或處分。

前項第一款、第二款、第四款、第五款實施辦法，由主管機關定之。

第 12 條　（土地處分計價標準）　第四條第二項之土地，除配售與原眷戶、價售與第二十三條之違占建戶及第十六條之中低收入戶者，依房屋

建造完成當期公告土地現值計價外，其餘土地應以專案提估方式計價。

第 13 條　（改建資金來源）改建基金資金來源如下：

一、循預算程序或由改建基金融資之款項。

二、基金財產運用所得。

三、本基金孳息收入。

四、基金運用後之收益。

五、處分或經營改建完成之房舍價款收入。

六、眷村土地配合公共工程拆遷有償撥用價款及地上物補償金。

七、有關眷村改建之捐贈收入。

八、貸放原眷戶自備款利息收入。

九、其他有關收入。

第 14 條　（改建基金之用途）　改建基金之用途如下：

一、興建工程款及購地開發費用之支出。

二、投資參與住宅及土地開發計畫經費。

三、有關基金管理及總務支出。

四、改建基地內原眷戶搬遷費、房租補助費，及地上物拆除費、違占建戶拆遷、補償、訴訟、強制執行費用支出。

五、融資貸款利息支出。

六、本條例第二十條第二項輔助購宅款補助支出。

七、輔助原眷戶貸款支出。

八、其他眷村改建之支出。

第 15 條　（照顧低收入家庭資金辦法）　改建基金所經管之眷村土地，經改建經營處理後所得之盈收部分，應作爲照顧低收入家庭居住之資金；其辦法由行政院另定之。

第 16 條　（住宅社區配售坪型辦法）　興建住宅社區配售原眷戶以一戶爲限。每戶配售坪型以原眷戶現任或退伍時之職缺編階爲準；並得價售與第二十三條之違占建戶及中低收入戶；如有零星餘戶，由主管機關處理之。

前項價售中低收入戶之住宅，得由主管機關洽請直轄市、縣（市）國民住宅主管機關價購，並依國民住宅條例規定辦理配售、管理。

第一項住宅社區配售坪型辦法，由主管機關定之。

第 17 條　（住宅社區得設置商業、服務設施及其他建築物）　依本條例興建之住宅社區，得視需要，依都市計畫法規設置商業、服務設施及其他建築物，並得連同土地標售。

第 18 條　（拆遷補償之辦理）　國軍老舊眷村土地為公共設施用地者，直轄市、縣（市）政府應配合眷村改建計畫，優先辦理拆遷補償。

第 19 條　（土地交換分合作法）　國軍老舊眷村或不適用營地，因整體規劃需與鄰地交換分合者，雙方同意後，報其上級機關核定，不受土地法第二十五條、第三十四條之一、第一百零四條及第一百零七條規定之限制。

第 20 條　（原眷戶可獲輔助購宅款標準）　原眷戶可獲之輔助購宅款，以各直轄市、縣（市）轄區內同期改建之國軍老舊眷村土地，依國有土地可計價公告土地現值總額百分之六十九點三為分配總額，並按其原眷戶數、住宅興建成本及配售坪型計算之。分配總額達房地總價以上者，原眷戶無須負擔自備款，超出部分，撥入改建基金；未達房地總價之不足款，由原眷戶自行負擔。

前項原眷戶自行負擔部分，最高以房地總價百分之二十為限，其有不足部分，由改建基金補助。

原眷戶可獲得之輔助購宅款及負擔金額，依各眷村之條件，於規劃階段，由主管機關以書面向原眷戶說明之。

申請自費增加住宅坪型之原眷戶，仍依原坪型核算輔助購宅款，其與申請價購房地總價之差額由原眷戶自行負擔。

第 21 條　（原眷戶放棄承購改建之住宅）　原眷戶放棄承購改建之住宅，自願領取前條之輔助購宅款後搬遷者，從其意願。

第 21-1 條（特殊需要及發給作業）　依本條例第二十二條規劃改建之眷村，其原眷戶有三分之二以上同意改建，並具殘障、貧病之特殊需要者，經依本條例第二十一條自願領取輔助購宅款時，主管機關得發給之。

前項特殊需要及發給作業規定，由主管機關另定之。

第 22 條　（強制執行收回房地）　規劃改建之眷村，其原眷戶有三分之二以上同意改建者，對不同意之眷戶，主管機關得逕行註銷其眷舍居住

憑證及原眷戶權益，收回該房地，並得移送管轄之地方法院裁定後強制執行。

第 23 條　（拆遷補償及提供優惠貸款）　改建、處分之眷村及第四條之不適用營地上之違占建戶，主管機關應比照當地地方政府舉辦公共工程拆遷補償標準，改建基金予補償後拆遷，提供興建住宅依成本價格價售之，並洽請直轄市、縣（市）政府比照國民住宅條例規定，提供優惠貸款。但屬都市更新事業計畫範圍內，實施者應依都市更新條例之規定，納入都市更新事業計畫辦理拆遷補償或安置，經都市更新主管機關核定者不適用之。

前項所稱之違占建戶，以本條例施行前，經主管機關存證有案者為限。

前項違占建戶應於主管機關通知搬遷之日起，六個月內搬遷騰空，逾期未搬遷者，由主管機關收回土地，並得移送管轄之地方法院裁定後強制執行。

第 24 條　（禁止處分）　由主管機關配售之住宅，除依法繼承者外，承購人自產權登記之日起未滿五年，不得自行將住宅及基地出售、出典、贈與或交換。

前項禁止處分，於建築完工交屋後，由主管機關列冊囑託當地土地登記機關辦理土地所有權移轉登記及建築改良物所有權第一次登記，並禁止處分之限制登記。

第 25 條　（減免契稅、房屋及地價稅）　由主管機關配售之住宅，免徵不動產買賣契稅。

前項配售住宅建築完工後，在產權未完成移轉登記前，免徵房屋稅及地價稅。

第 26 條　（軍眷住宅使用人比照原眷戶之規定辦理）　本條例第三條第一項第三款之軍眷住宅，其使用人不具原眷戶身分而領有房屋所有權狀者，比照原眷戶規定辦理之。

第 27 條　（權屬非國有之公有土地辦理改建之依據）　國軍老舊眷村土地權屬為直轄市有、縣（市）有、鄉（鎮、市）有者，各級地方政府辦理改建時，其土地計價、規劃設計、配售標準、租稅減免等，應依本條例規定辦理。

前項各級地方政府辦理改建時，依第二十條規定辦理購宅補助。

第 28 條　（土地計價標準）　本條例施行之日，已完成改建之眷村及已報行政院核定改建之眷村，依國防部原規定辦理。但已報行政院核定改建之眷村，其土地計價標準如下：

一、有原眷戶原地改建眷村，以房屋建造完成當期公告土地現值計繳地價。

二、空置及分期規劃建宅眷地與已核定遷村尚未騰空之眷地，其土地價款一次繳清者，按繳款當期公告土地現值計價。

本條例施行前，經行政院核定遷建騰空之眷村土地，依本條例辦理。

第 29 條　（施行細則）　本條例施行細則，由主管機關定之。

第 30 條　（施行日）　本條例自公布日施行。

引自郭冠麟編，《從竹籬笆到高樓大廈的故事——國軍眷村發展史》，台北：國防部史政編譯室，2005 年，頁 313～320。

附錄四：仁和村主要街道產業分布圖（2005 年）

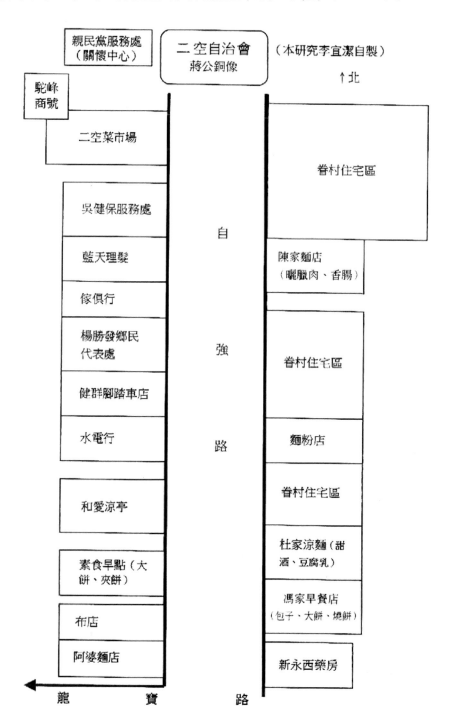

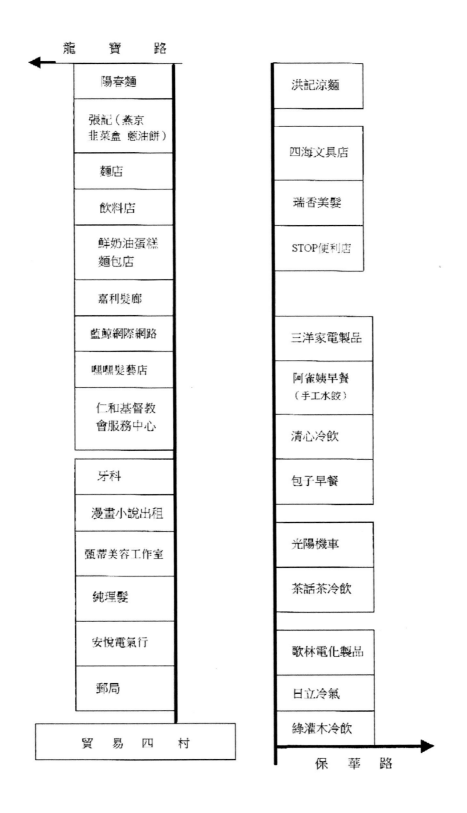

仁和村旁支街道商店圖（接續頁街道圖）

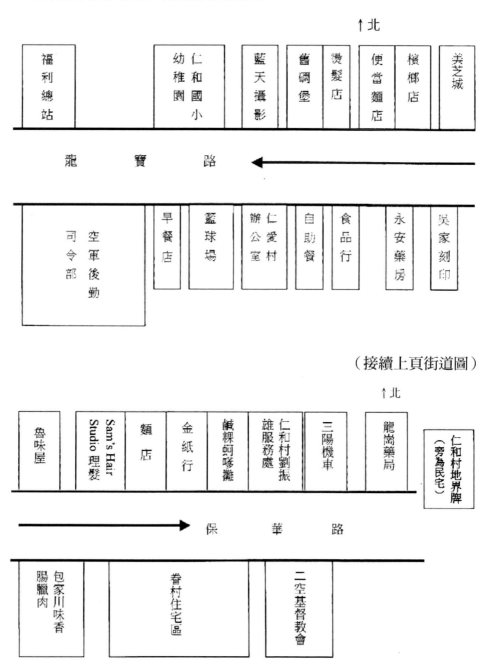

附錄五：眷村相關與二空生活圖集

眷村相關圖集之國共內戰篇

圖1：
國共內戰投降的國軍

圖2：徐蚌會戰徐州剿總副
總司令杜聿明被俘圖

引自杜聿明等著，《國共內戰秘錄──原國民黨將領的回憶》，台北：巴比倫出版，1991年，
照片集頁1。

圖3：國共內戰軍隊遷台圖

（1950年國軍自舟山群島遷台圖，軍艦上皆載滿軍隊與物資，遷台行動十分急迫艱辛。）
引自郭冠麟編，《從竹籬笆到高樓大廈的故事──國軍眷村發展史》，台北：國防部史政編譯
室，2005年，頁372。

圖4：
1950年國軍自海南島遷台圖

古碧玲等，《從異鄉到家鄉——「外省人影像文物展」》，台北市：台北二二八紀念館，2000年，頁22。

圖5：由日軍遺留宿舍之眷村圖
——高雄左營明德新村

日軍遺留宿舍空間寬敞，多爲高階軍事將領居住之眷村。
引自郭冠麟編，《從竹籬笆到高樓大廈的故事——國軍眷村發展史》，頁3。

圖6：早期台北市四四南村鳥瞰照

四四南村是台灣第一個眷村。古碧玲等，《從異鄉到家鄉——「外省人影像文物展」》，台北市：台北二二八紀念館，2000年。

圖7：39年婦聯會創會照

圖8：四十年代婦聯會開設之征衣
工場，鼓勵婦女爲軍人服務

圖9：
婦聯會籌建之職務官舍照

1985年經由婦聯會籌建完工之職務官舍，此時眷舍已改進爲四、五樓之公寓建築。引自嚴倬雲、汲宇荷、楊夢茹，《婦聯五十五年》，台北：中華民國婦女聯合會，2005年。

二空生活照片集（來源：居民、自治會提供與筆者自攝，2005 年 4 月～
2006 年 5 月）

一、二空重要古蹟

圖 10：蔣宋美齡親題之貿易四村石碑

貿易四村乃婦聯會 48 年捐建（暫定古蹟）。

圖 11：眷村設軍事碉堡防衛

今已頹圯（舊碉堡已列暫定古蹟）。

圖 12：自治會前之蔣公銅像

圖 13：一條龍格局式平房圖

二空自治會屋頂架設喇叭統一廣播，具早期軍事動員功能。至今只在舉辦改建說明會時宣導
日期才使用。

圖 14：打水機照片

大約五十年代後，打水機成為眷村水源。現今仍
有榮民用打水機洗臉、洗衣服等。（2005 年 3 月）

圖 15：眷村房間閣樓照

眷村房舍空間不足，家家另搭小閣樓讓孩
子居住。（筆者自攝）

二、二空之公共場所照

圖16：眷村菜市場新舊貌之比較

六十年代落成之二空菜市場（感謝蔣婆婆提供）

圖17：二空菜場

2007年，筆者自攝。

圖18：
仁和村內和愛社區發展協會

社區發展協會及關懷中心爲眷村行政組織之
一；關懷中心注重老人照護功能設有血壓站
與簡易健身器材供居民使用。

圖19：
早年二空影像回顧：自治會舊貌

四十年代二空軍眷新村辦公室照（自治會前
身）（感謝蔣婆婆提供）

圖20：
仁和國小（1955年成立）

圖21：二空「第四一軍眷診療
所」（1956～2001）照

三、二空小吃照片

圖 22：眷村涼麵照

2005 年 5 月，筆者自攝。

圖 23：金門館	圖 24：馮家早餐店

北方口味的牛肉燴餅、炒餅爲其招牌。　　販售煎餃、燒餅、大餅等眷村早餐。

圖 25：仁愛涼亭　　　　　　　圖 26：元旦升旗照
（2005 年 4 月，筆者自攝）　　（2007 年，筆者自攝）

二空每年都舉辦元旦升旗，並揮舞國旗宣揚愛國精神。

圖 27：舊軍用木箱　　　　　　　圖 28：大同電視

來台初期軍人生活清苦，生活刻苦清簡。軍方廢棄木箱多充當行李箱、飯桌等生活用品。

圖 29：民國 78 年軍人眷屬身份補給證（正面及內頁）

四、家庭副業織毛衣的情形

圖 30：　　　　　　　　　　　　圖 31：

仁和村楊家織毛衣照　　　　　六十年代二空縫紉訓練班結業照

感謝楊和媛提供。　　　　　　　　自治會提供。

五、二空宗教及改建歷程照

圖32：
婦聯會早年至仁和村開會照片

圖33：
二空天主教「聖母升天堂」

早年婦聯會在貿易四村設有婦女工作隊，具有救助、慰問、關心軍眷生活的功能。

圖34：基督教會照

2005年4月，筆者自攝。

圖35：二空的四川包家香腸、臘肉

農曆年前，二空街上隨處可見曬香腸與臘肉，是過年必備的食物。

圖36：第二階段說明會規劃圖

2005年10月，筆者自攝。

圖37：國宅房屋內部格局圖

2005年。

圖 38：仁和村自強路上的　　　圖 39：因眷改「自備款」意見歧異，
　　　　「藍軍」服務處　　　　　　　　原眷戶抗議布條（2012 年）

 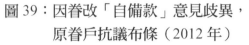 

圖 40：改建交屋作業照　　　　圖 41：二空樹屋舉辦眷村拋繡球
　　　　（2013 年 2 月）　　　　　　　活動（2012 年 12 月）

圖 42：眷戶之忠勤勳章　　　　圖 43：新建國宅之涼亭（2013 年）

徐蔣秀禎婆婆提供。　　　　　　　　　筆者自攝。

六、二空眷村生活集錦

圖44：
六十年代二空教會舊照

圖45：六十年九月仁和、仁愛社區
全民運動觀摩比賽照片

感謝徐婆婆提供。

感謝會長提供

圖46：婦聯會六十年代至仁和村
開會照（感謝會長提供）

圖47：五十年代第八屆軍人節彩
券，背面是總統訓辭宣揚反共意識

圖48：
眷村常見國旗與梅花窗愛國象徵

二空新村改建後記

　　二空眷村改建工程的階段簡述如下：民國九十二年正式簽約，九十六年發包給猛揮營造公司、十一月舉行動土典禮，一百年整體改建工程完工，一百零一年五月眷戶抽籤、驗收完成。但公佈繳錢金額後，眷戶抗議自備款太高（70～100 萬元不等）、公設比超過上限 30%（達 40%），以 28 坪型房屋為例，眷戶需繳的自備款金額約 76 萬 3 千元。國防部為解決紛爭，一百零一年八月曾舉辦房價及交屋說明會，結果雙方未達共識，國防部回應「深表遺憾」，將繼續加強溝通。（附錄五、圖 39，頁 122）九月一日二空眷戶以舉布條、丟雞蛋等方式，向空軍四四三聯隊抗議，質疑眷村新建工程疑涉違約、背信等弊端，可惜抗議均不見成效。最後在九月底強制進行現金繳款或貸款登記而塵埃落定，及預定年底十二月交屋。

　　至一百零一年底復因部分眷戶拒絕繳款，而延宕了交屋時程。一百零二年的一月份只完成 34 坪型之交屋。二空眷村改建前後已花費十年之久，雖然過程一波三折，交屋一延再延，但眷戶們仍殷殷期盼能在一百零二年初入住新屋，過一個快樂的新年。這個心願在國防部官員的協助下終於成真，一月底舉行第二次「區分所有權人會議」時選出國宅各區的管理委員來驗收公設，並且公告若眷戶要求提前在新家過年，國防部也全力促成。因此，有些眷戶在小年夜之前趕辦手續、遷入新家，過個好年。新建國宅於二月初進行「交屋作業」（附錄五、圖 40，頁 122），眷戶們拿到新家鑰匙露出滿臉欣喜的笑容，二空新村的改建作業終於完成。眷戶們有了嶄新的家園。

　　自搬遷作業展開後附近開始進駐了一些傢俱、家飾業者，以及水電、瓦斯等臨時店家；隨著搬遷逐漸完成，這些店家也迅速消失，只有一些宣傳布

條仍掛在國宅的陽台外。去年（一百零二年八月）二空新村改建基地 A 區已遷入一百多戶。另有二棟國防部保留戶，分別爲 12 及 26 坪型，由違占戶及單身老榮民優先承購，目前正在登記階段，以致於空屋比率仍高。筆者於八月對已搬入國宅的眷戶做後續訪問，發現眷戶們對新房子的滿意度很高。一般認爲仁和新建寓所比八十八年建成的臺南市大同國宅的品質更好：大同國宅被稱鴿子籠，高度不夠，有壓迫感；二空國宅則不會。他們也表示：過去的眷村環境潮濕、牆壁腐爛，易漏水或下雨淹水，衛生、通風設備都很差，還常有老鼠、蟲蟻出沒。新國宅通風好又乾淨，所以眷戶們稱讚有加。眷戶們跟老鄰居也維持電話聯絡；對新鄰居僅限於打招呼、尚未熟識。然而這裡串門子不若以往方便，有些老眷戶已另外買屋，國宅交給第二代居住，眷村濃烈的人情味已逐漸消逝。住國宅還須要負擔公共電費、管理費等支出。管理委員會負責國宅公設維護、管理費收支分配等事項。國宅 A 區的管委會主任委員是前仁和村張長壽村長，一直十分熱心爲村民服務到現在。

搬進國宅的第一代眷戶，下午時刻多會到一樓中庭散步聊天，中庭的小公園成爲眷戶們重要的休憩場所；中庭也保留著過去自治會門前的蔣公銅像，也有涼亭、步道等公共設施供眷戶使用。現在第一代眷戶大部分會參加「社區發展協會」及老人會，以及不定期舉辦的旅遊、聚餐等活動。許多眷村小吃已經搬遷，如過去熱鬧的「金門館」搬至大同國宅，如今剩下幾家涼麵、早餐店仍駐守二空路上。二空國宅一樓的店鋪尚未出售，許多小吃或商店也還沒進駐，眷戶日常所需仍是到二空菜場購買。「二空教會」則遷至同條路（保華路）上的新建築物，空間較大、距原址很近，眷戶們仍照常上教會做禮拜、參加姐妹會等活動。過去的仁和眷村已然消失，新國宅地址爲仁和里和愛街，仁愛村也改爲仁愛里，唯一保留的是二空菜市場及仁和國小。

在眷村改建期間，舊的二空自治會已拆除，屋前矗立著蔣公銅像的舊眷村服務機關也已走入歷史。目前服務眷戶的工作改由國宅管理委員會擔任。九十九年在地方爭取下建立「二空樹屋」、「眷村文物館」（原防砲部隊醫護所的木造老庫房整理而來），並請市政府將蔣宋美齡題字的石碑——「貿易四村」與舊軍事碉堡、附近建於民國四十二年的水塔等列爲暫定古蹟，將二空的眷村文化努力保留下來。（附錄五、圖 41，頁 122）一百零一年也成立了「二空眷村社區文化營造協會」，負責眷村文物的蒐集與維護。此外，張長壽村長也向政府提出希望保留完整的貿易四村作爲「眷村文化特區」，利用空屋經營早

期眷村的雜貨店、理髮店、彈子房等，保存眷村特色與發展觀光。儘管二空的舊眷村建築已逐漸消失，但地方上保存眷村文化的行動正方興未艾、漸次展開。不管是「二空樹屋」或「眷村文化特區」，都帶著眷村子弟們對上一代足跡的情感、對居住土地的深厚情感象徵。「眷村」不只是歷史名詞，更代表著一段來自各地匯聚成一個族群遷徙的流動歷史。

二空眷戶們在眷村改建的期間，許多高齡的爺爺和奶奶們已壽終正寢或遷離至外地，如筆者曾訪談過的周爺爺、蔣婆婆等。眷村第一代自來台至今已在眷村生活六十多個年頭，讓他們離開眷村是迫不得已之舉，原來也是政府的一樁美意展開改建工程。可惜的是政府未能體貼這些年老眷戶，使公設比例過高、自付款爭議等問題發生，影響到眷戶入住的時程。根據建物所有權狀，國宅興建完成應在九十九年四月，然而發給所有權狀卻是一百零一年的十一月，交屋作業更在一百零二年二月才舉辦。許多眷村第一代已無法享受新房子的舒適，而交由第二代子弟來繼承。

眷村第二代已變成是現今二空眷村的中堅份子，保護眷村文化、申請古蹟認定與爭取經費進行社區營造等，都是第二代眷戶一點一滴努力得來的成果。各地眷村文化的保存，實有賴眷戶、國防部與政府三方一起努力。眷村不該是逐步消褪的歷史，而是自民國三、四十年代因戰亂遷入台灣，到現在融入地方文化的族群發展課題。回顧二空眷村由臨時搭建到老屋破舊、改建完成的過程，不禁令人詠嘆：老兵精神不死，凋零再生新貌！二空眷村雖已變成國宅，有些眷戶、小吃紛紛搬至外地，但至今遷回國宅的眷戶也不少，相信待將來國宅保留戶出售、一樓新店鋪進駐，還有剩下的另一半舊眷村拆除、賣給民間包商營建新屋後，附近的交通、飲食、居住功能會逐漸完備。期待老舊眷村蛻變為新興的國宅社區，不只保存眷村文化，也帶動眷村子弟回流，一同邁向更美好的未來。